HYPNOSE

und der Segen durch das Wort Gottes

Bibliografische Information der Deutschen Nationalbibliothek: Die Deutsche Nationalbibliothek verzeichnet diese Publikation in der Deutschen Nationalbibliografie; detaillierte bibliografische Daten sind im Internet über http://dnb.dnb.de abrufbar.

© 2019 Matthias Felder

Herstellung und Verlag: BoD – Books on Demand, Norderstedt

ISBN: 978-3-7392-4846-2

Der Autor hat bei der Erstellung dieses Buches Informationen und Ratschläge mit Sorgfalt recherchiert und geprüft, dennoch erfolgen alle Angaben ohne Gewähr; der Autor kann keinerlei Haftung für etwaige Schäden oder Nachteile übernehmen, die sich aus der praktischen Umsetzung der in diesem Buch dargestellten Inhalte ergeben. Bitte respektieren Sie die Grenzen der Selbstbehandlung und suchen Sie bei Erkrankungen einen erfahrenen Arzt oder Heilpraktiker auf.

Dieses kleine Büchlein ist an alle gerichtet,
die aktiv an die Hilfe und die Heilung durch das lebendige Wort Gottes glauben!

Inhaltsverzeichnis

Entdecke deine inneren Welten	10
Meditation	11
Das Gebet	11
Kontemplation	11
Hypnose	12
Das Angebot Gottes annehmen	13
Glaube	14
Hypnose	16
Was ist Hypnose	17
Die Wirkung der Leerhypnose	19
Trance und Tranceerleben	20
Die drei Hauptstadien der Hypnose und ihre Eigenschaften	22
Praktischer Einsatz der unterschiedlichen Trancetiefen	24
Gamma- Beta- Alpha- Theta- und Deltawellen	25
Brain Tuners (Stimmgabeln) von Biosonics	28
Die Fibonacci Tuner	29
Die Angel Tuner	33
Hypnose und der Klang der Stimme	34
Die drei Gesetze der Hypnose	36
Der Kritische Faktor	38
Die drei Bausteine einer Hypnose	39
Suggestionen	39
Direkte und indirekte Suggestionen	41
Emil Coue	42
Posthypnotische Suggestionen	45
Das Erfolgsrezept	45
Deine Wahlmöglichkeiten	46
Gottes Wort will bei dir wachsen	46
Glaubenssätze und Gewohnheiten	49
Einschränkende Glaubenssätze	50

Einschränkende Glaubenssätze durch freimachende ersetzen	51
Heilung durch Glaube	52
Wenn der Glaube Berge versetzt	52
Der Glaube	53
Jedem Menschen ist ein Maß des Glaubens gegeben	53
Das Vorgespräch	55
Alles was lebt, trägt Wunden davon	56
Der Rapport	57
Heilung durch Empathie	57
Dir vertraue ich	58
Fraktionierung, die Unterbrechung der Hypnose	59
Das Utilisieren	60
Das Utilisieren von Geräuschen	60
Ideomotorik	61
Formen der Ideomotorik	61
Indirekte Hypnose mit Augenfixierung und Armlevitation	63
Die Elmen Induktion	66
Heilungsgebet	72
Vertiefungen der Hypnose	73
Reise zu einem ganz besonderen Ort	73
Vertiefung durch Rückwärtszählen	74
Suggestionsloop	75
Lob aussprechen!	75
Einfache Hypnose mit Modalitäten (Sinne)	76
Klassische Fixation mit direkten, suggestiven Anweisungen	78
5-3-1 Einleitung	79
Die Ausleitung der Hypnose	81
Ausleitung der Hypnose mit posthypnotischer Suggestion	82
Entspannte Ausleitung	82
Ausleitung mit Rücknahme der Suggestionen	83

Problemorientierte und lösungsorientierte Bekenntnisse	85
Das Ich	90
Die Erkundung des Ichs	90
Die verborgene Macht in uns	90
Bewusstsein und Unterbewusstsein	91
Das Labyrinth	92
Werdet wie die Kinder	93
Kindheitstraum(a)	94
Zerbrochen ist wertvoll in Gottes Augen	95
Die Reise zum inneren Kind	96
Selbstheilungskraft	99
Der innere Alchemist – Archeus	99
Der eingeborene, innere Arzt	100
Der Weg nach innen mit anschließendem Heilungsgebet	102
Selbstheilungskräfte aktivieren, wenn Gedanken heilen	105
Das positive Denken als Heilungsweg	105
Die Selbstheilungskraft aktivieren	106
Bergauf, bergab	107
Der himmlische Bote	108
Resilienz, biegen statt brechen	109
Jesus bringt die Menschen wieder in ihre Autorität	110
Erkenne deine Autorität	111
Jesus gab uns seinen Namen, damit wir ihn gebrauchen	113
Der Gesichtspunkt der Ewigkeit	114
Das Wenden	116
Die Wende	117
Heilung aus dem Geiste	119
Die geheime Schriftrolle	119
Die Segnung durch das Wort Gottes	122
Die Heilkraft der Liebe	125
Die Liebe – größer als alle Gaben	125

Die Liebe Gottes und die Liebe untereinander	128
Die heilende Kraft, sich selbst und anderen zu vergeben	129
Einleitung zur Entspannung und Behandlung durch Liebe	131
Der Mensch besteht aus Körper, Seele und Geist	135
Die Reise in die Judäaische Wüste im Jahre 30 Anno Domini	140
Die Sedona Methode	144
Der Schlüssel zur Transformation	151
Loslassen ist der Schlüssel zum Glück	152
Alles ist mit allem verbunden	153
Sich wieder aufrichten Aufgerichtet sein, heißt heil sein	156
Literaturhinweise	162
Fotonachweis	163
Über den Autor	164
Seminare	164

Halt an, wo läufst du hin?
Der Himmel ist in dir.
Suchst du Gott anderswo,
du fehlst ihn für und für.

Angelus Silesius

Entdecke deine inneren Welten

Unsere Vorstellungen ermöglichen es uns, Probleme zu lösen und uns kreativ und schöpferisch auszudrücken. Mit unseren Vorstellungen schaffen wir uns unsere Realität.

Wir sind Erzeuger unserer Ideen, Gedanken und Überzeugungen. Das was wir denken und wie wir denken, hat Einfluss darauf, wie und was wir wahrnehmen, welche Erfahrungen wir machen und welche Bedeutung wir diesen Erfahrungen beimessen.

Aus diesem Grund können wir Hypnosetherapien, Traum- und Fantasiereisen, Meditation und Gebet nutzen, um unser inneres Potential und unsere Kräfte aktiv zu entfalten. Wir können Programme, Gewohnheiten und Glaubenssätze aktivieren oder auch verändern, Schmerzen lindern, die Selbstheilungskräfte mobilisieren, die Kreativität steigen, die Lernfähigkeit verbessern, Ziele leichter erreichen, das Selbstbewusstsein fördern oder einfach nur tiefe Entspannung, Ruhe, Harmonie und Frieden empfinden.

Dein Geist und deine Seele haben große Tiefe. Du kannst deine Gefühle und Wünsche klarer zu verstehen. Schon bald werden sich dir die nächsten Schritte auf deinem Weg zeigen. Halte wachsam Ausschau nach neuen Chancen, die zum Beginn neuer Projekte führen oder dir bei deinem jetzigen Unterfangen helfen können. Schaue um dich und schaue in dich. Sei bereit, auf der allertiefsten Ebene zu arbeiten, und du wirst entdecken, dass dort ein Juwel an Weisheit und Schatz an Wissen sowie die innere Stimme nur darauf warten, dir helfen zu dürfen.

Der Himmel ist in dir. Suchst du Gott anderswo, du fehlst ihn für und für.

Angelus Silesius

Meditation

Meditation (nachdenken, nachsinnen, überlegen) ist eine in vielen Religionen und Kulturen ausgeübte spirituelle Praxis. Durch Achtsamkeits- oder Konzentrationsübungen soll sich der Geist beruhigen und sammeln. In östlichen Kulturen gilt sie als eine grundlegende und zentrale bewusstseinserweiternde Übung. Die angestrebten Bewusstseinszustände werden oft mit Begriffen wie Stille, Leere, Eins sein, im Hier und Jetzt sein oder frei von Gedanken sein beschrieben. Meditation nimmt als Erfahrungs- und Lebensform in vielen Kulturen und Religionen einen wichtigen Raum ein. Im Buddhismus und Hinduismus ist das höchste Ziel die Erleuchtung oder das Erreichen des Nirwana. In christlichen, islamischen und jüdischen Traditionen ist das höchste Ziel der meditativen Praxis das unmittelbare Erfahren des Göttlichen. Die Meditation wird auch zur Unterstützung des allgemeinen Wohlbefindens und im Rahmen der Psychotherapie praktiziert.

Das Gebet

Das Gebet bezeichnet eine zentrale Glaubenspraxis vieler Religionen. Es ist eine verbale oder nonverbale Zuwendung an Gott. Das Gebet setzt also die Vorstellung eines persönlichen Gottes voraus. Außerdem setzt es voraus, dass Gott empfänglich für eine solche Form der Zwiesprache ist und muss dem Betenden gegenüber auch präsent sein.

Kontemplation

Kontemplation ist in philosophischen und religiösen Texten die Bezeichnung für ein konzentriertes Betrachten. In erster

Linie geht es dabei um Betrachtung eines geistigen, ungegenständlichen Objekts, in das man sich vertieft, um darüber Erkenntnis zu gewinnen. Im religiösen Kontext ist das Objekt oft Gott und Heilige oder deren Wirken. Kontemplation präsentiert sich als intuitive Alternative oder weiterführende Ergänzung zum diskursiven Bemühen um Erkenntnis. Kontemplation bedeutet, etwas bewundernd betrachten und darüber nachsinnen. Im Christentum bedeutet Kontemplation, eine Gottesvision haben oder Gott schauen. Erst wenn jemand in der Gegenwart Gottes sei, sozusagen selbst göttlich, verschmolzen mit ihm sei, könne er eine wahre Erkenntnis von ihm bekommen und echte Kontemplation und Gottesschau erfahren.

Hypnose

Hypnose ist die Kunst, mit Hilfe der Vorstellungskraft in eine alternative Wirklichkeit zu gelangen und dort jene Erfahrungen zu machen, die zur Bewältigung aktueller Probleme oder Symptome hilfreich sind. Je intensiver diese alternative Wirklichkeit erlebt wird, umso größer ist die Wahrscheinlichkeit, dass diese Erfahrungen auch in der konkreten Lebenswirklichkeit umgesetzt werden. Bei vielen Gelegenheiten ist es effektiver, in einer anderen Realität zu arbeiten um wirksam zu Heilen anstatt in der normalen Realität. In einem hypnotherapeutischen Kontext ist der Klient mit dem Therapeuten in einer sehr sensiblen Verbindung. Jedes Wort, jede Geste, jeder Tonfall usw. werden viel intensiver wahrgenommen. Die Intention und Lauterkeit des Therapeuten ist deshalb hier besonders wichtig.

Das beste Heilmittel für den Menschen ist der Mensch. Der höchste Grad der Arznei ist die Liebe.

Paracelsus

Und Jesus sagt: Was auch immer zwei von euch auf Erden einmütig erbitten, werden sie von meinem himmlischen Vater erhalten. Denn wo zwei oder drei in meinem Namen versammelt sind, da bin ich mitten unter ihnen.
Matthäus 18:19-20

So ihr in mir bleibet und meine Worte in euch bleiben, so werdet ihr bitten, was ihr wollt, und es wird euch widerfahren.
Johannes 15:7

In ihm, Jesus Christus, sind wir Gottes Gerechtigkeit geworden. Wenn wir diese Gerechtigkeit verstehen, wird das einen gewaltigen Einfluss auf jeden Bereich unseres Lebens haben, auch auf unser Gebetsleben. Das ernsthafte, innige Gebet eines Gerechten macht gewaltige Kräfte verfügbar, die eine dynamische Auswirkung haben.
Jakobus 5:16

Das Angebot Gottes annehmen

Wie aber sollen die Menschen zu Gott rufen, wenn sie nicht an ihn glauben? Wie sollen sie zum Glauben an ihn finden, wenn sie nie von ihm gehört haben? Und wie können sie von ihm hören, wenn ihnen niemand Gottes Botschaft verkündet? Wer aber soll Gottes Botschaft verkünden, ohne dazu beauftragt zu sein? Allerdings hat Gott den Auftrag zur Verkündigung bereits gegeben, denn es ist schon in der Heiligen Schrift vorausgesagt: „Was für ein herrlicher Augenblick, wenn ein Bote kommt, der eine gute Nachricht bringt!"

Aber nicht jeder hört auf diese rettende Botschaft. So klagte bereits der Prophet Jesaja: „Herr, wer glaubt schon unserer Botschaft?"

Aber es bleibt dabei: „Der Glaube kommt aus dem Hören der Botschaft, und diese gründet sich auf das, was Christus gesagt hat."

Römer 10:14-17

„Gottes Wort ist dir ganz nahe, es ist in deinem Mund und in deinem Herzen."

Römer 10:8

Wer also von Herzen glaubt, wird von Gott angenommen, und wer seinen Glauben auch bekennt, der findet Rettung.

Römer 10:10

Glaube

Glaube bezeichnet eine innere Haltung von Vertrauen, Überzeugung, einem „Für wahr halten" einer bestimmten Realität. Glauben basiert auf Gottes Wort. Der Mensch weiß viel mehr, als er denkt. In seinem Unterbewussten lagern riesige Wissensschätze. Wer es versteht, sie freizulegen, kann wahre Wunder vollbringen. Voraussetzung auf dem Worte Gottes gegründet zu sein und zu bleiben ist, dass du selbst die Bibel liest und die Worte Gottes verinnigst.

Not und Bedrängnis überwinden wir mit unserem Glauben an das, was Jesus für uns bewirkt hat.

Johannes 16:33

Wir erhalten das ewige Leben, wenn wir glaubend annehmen, dass Jesus uns für immer vor Gott gerecht gemacht hat, weil er alle Strafe für all unsere Sünden auf sich genommen hat: „Wer da überwindet, dem werde ich zu essen geben vom Baume des Lebens, der im Paradiese Gottes steht."

Jesus in Offenbarung Kapitel 2, Vers 7

An Gottes Segen ist alles gelegen

Denen, die er liebt,
gibt Gott alles Nötige im Schlaf!

Psalm 127:2

Hypnose

Die Hypnose funktioniert vor allem über den entspannten Zustand. Es ist daher von Vorteil, wenn man sich sowohl vor, als auch nach der Hypnose ausreichend Zeit nimmt. Vor einer Hypnose findet ein Kennenlernen und Vorgespräch zwischen Hypnotiseur und Klient statt. Anschließend wird der Klient in der Induktionsphase in die Hypnose eingeleitet. Die Hypnose ist ein Verfahren, das über das Unterbewusstsein einen Zugang zur inneren Welt schafft. Sobald sich der Klient in Trance befindet, versucht der Therapeut mithilfe von Suggestionen die Ressourcen des Patienten zu mobilisieren. Dazu weist der Hypnotiseur den Klient an, bestimmte Aufgaben durchzuführen oder Gedanken zu haben. Es gibt motorische Aufgaben, bei denen der Klient bestimmte Bewegungen durchführen soll oder auch kognitive, bei denen er sich etwas vorstellen soll. Die Kraft der Hypnose besteht auch darin, dass die selbstkritischen und negativen Gedanken, die viele von uns täglich begleiten, kurzzeitig ausgeschaltet werden. Über das Unterbewusstsein aktiviert er persönliche Stärken und Bewältigungsstrategien des Klienten, die er im Alltag nicht nutzt. Somit kann die Hypnose zur Unterstützung eingesetzt werden, um körperliche oder psychische Probleme zu lösen. Hypnoseerfahrungen können sich sehr intensiv anfühlen. In der Reorientierungsphase nimmt dann der Therapeut die Trance behutsam wieder zurück, indem er die Wahrnehmung des Patienten von innen nach außen lenkt. Dieser Vorgang dauert normalerweise einige Minuten. Möglicherweise brauch man nach der Sitzung einige Minuten, um wieder voll zu sich zu kommen. Nach der Hypnose fühlen sich viele Personen energievoll und motiviert, genießen diesen Zustand und lassen die zweifelnde Gedanken so lange es geht außen vor. Eine Hypnosetherapie hat dann die beste Wirkung, wenn man sich ganz auf die Hypnose einlässt.

Was ist Hypnose

Hypnose ist fokussierte Aufmerksamkeit und Konzentration die auf bestmögliche Weise so gesteuert wird, dass der Patient seine Ziele erreicht.

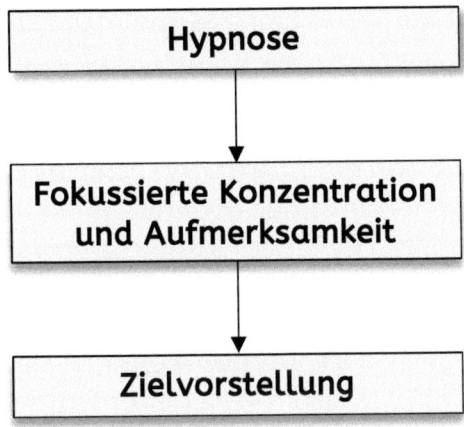

Während man im normalen Bewusstseinszustand immer verschiedene Reize gleichzeitig wahrnimmt, ist in hypnotischer Trance die Wahrnehmung auf eine bestimmte Wahrnehmung oder Vorstellung gerichtet, so dass man die restliche Umgebung mehr oder weniger aus dem Auge verliert. Außenreize werden dann zunehmend unwichtiger.

Etwas wie in Trance zu tun, ist ein ganz alltäglicher Zustand. Jeder Mensch ist mehrfach am Tag in Hypnose, zum Beispiel jeden Morgen beim Erwachen, also in dem Zustand zwischen Wachbewusstsein und Schlaf, beim Joggen, beim Lesen eines spannenden Buches oder bei einer konzentrierten Arbeit.

Einfach erklärt ist die Hypnose ein Zustand vollkommener Entspannung und gleichzeitiger Konzentration. Das Unterbewusstsein rückt in den Vordergrund und das Bewusstsein tritt in den Hintergrund, so dass eine Trance möglich wird. Idealerweise ist der Klient in der Hypnose körperlich zutiefst entspannt, geistig gleichzeitig hellwach, sogar wacher als im normalen Wachzustand, denn die äußeren Reize fallen weg und haben keinerlei Einfluss mehr auf den Klienten.

In diesem Trancezustand kann mit dem Unbewussten direkt kommuniziert werden. Dies ermöglicht es dem Therapeuten, der Ursache für die Störungen oder der Krankheit auf den Grund zu gehen und tief liegende Muster und Strukturen aufzulösen. Der Therapeut kann durch verbale Suggestionen Einfluss auf Körper- und Bewusstseinsfunktionen des Klienten nehmen, die normalerweise vom Menschen nicht bewusst gesteuert werden können. Der Klient bleibt dabei im Idealfall weiterhin voll bei Bewusstsein.

Das Gehirn sendet dann die so genannten Alphawellen aus (Frequenz zwischen 8 und 14 Hertz). Dies ist genau der Zustand, der auch in der Hypnose normalerweise erreicht wird. Im Bereich der Delta- und Thetawellen (unter 8 Hz) befinden wir uns im natürlichen Schlaf. Dieser Bereich kann durch Hypnose nur in sehr seltenen Fällen erreicht werden.

Bei der medizinischen oder psychotherapeutischen Anwendung wird diese Fähigkeit zur Alltagstrance sehr stark und so gezielt gefördert, dass sie zur Lösung körperlicher und seelischer Probleme eingesetzt werden kann.

Die hypnotische Trance ist zudem mit einer Beruhigung und allgemeinen Harmonisierung der inneren Rhythmen verbunden.

Die Wirkung der Leerhypnose

Unter Leerhypnose versteht man die ausschließliche Einleitung, Vertiefung und anschließende Ausleitung einer Hypnose. Hier werden keine besonderen therapeutischen Maßnahmen angewandt.

Bei einer Leerhypnose werden nach der Einleitung keine Suggestionen mehr gegeben, bis die Trance aufgelöst wird. Es wird lediglich der entspannende Zustand genossen. Die hypnotische Trance ist mit einer Beruhigung und Harmonisierung der inneren Rhythmen verbunden. Es stellt sich eine ruhige, regelmäßigere und langsamere Atmung ein und eine ausgeglichene Herz-Kreislauf-Aktivität. Der Muskeltonus des gesamten Körpers vermindert sich, die Blutgefäße erweitern sich. Die Auslösbarkeit einiger Reflexe ist vermindert, das Blutbild ist verändert und der Stresshormonspiegel sinkt. Die Selbstheilungskraft kann nur dann arbeiten, wenn das Nervensystem im parasympathischen Modus ist. Der Parasympathikus ist im ganzen Körper verteilt und bringt den Menschen in einen Ruhe- und Regenerationszustand. Er ist Teil des vegetativen Nervensystems und Antagonist zum Sympathikus, der „Kampf und Flucht-Zustand", in dem wir uns, angetrieben durch Stress, zu oft befinden. Dadurch werden die Heilungsprozesse stillgelegt und Krankheiten und Erschöpfungszustände breiten sich aus.

Eine Leerhypnose ist bei Fremd- wie bei Selbsthypnose gleichermaßen möglich. Alleine diese Leerhypnose ist schon für sich alleine eine sehr heilsame und regenerierende Maßnahme. Durch die gelöste Entspannung kann sich das vegetative Nervensystem erholen, regulieren und seinen gesunden Rhythmus wieder finden. Deswegen sollte man es sich zur persönlichen Übung machen, immer wieder und nach gewisser Zeit auch immer leichter und schneller, durch Selbsthypnose in diese Trancezustände einzutauchen.

Trance und Tranceerleben

Jeder Mensch kann sich hypnotisieren lassen, wenn er es freiwillig zulässt und bereit ist, die Anweisungen des Therapeuten zu befolgen. Die Fähigkeit, sich mittels Suggestion in einen Trancezustand versetzen zu lassen, ist aber individuell sehr verschieden. Die Tiefe der Trance ist deshalb auch verschieden.

Unter Hypnose fokussiert sich das Bewusstsein nach innen oder auf bestimmte Dinge, ähnlich wie bei der Meditation, beim Beten oder auch bei Tagträumen.

Trance ist eine Sammelbezeichnung für veränderte Bewusstseinszustände mit einem intensiven mentalen Erleben. In Abgrenzung zum gewöhnlichen Wachbewusstsein sind diese Zustände durch folgende Merkmale gekennzeichnet:
- eine hochfokussierte Aufmerksamkeit und Konzentration auf einen bestimmten Vorgang
- bei gleichzeitiger sehr tiefer Entspannung
- eine Ausschaltung des logisch-reflektierenden Verstandes (Kritischer Faktor)

Psychologische Phänomene einer Trance:

- Hypersuggestibilität: erhöhte Bereitschaft, Suggestionen anzunehmen und umzusetzen
- Aktivierung von unbewussten Lernprozessen
- veränderte Realitätsorientierung: die Trance-Logik ist sehr flexibel

- logische Widersprüche werden im Trancezustand nicht mehr wahrgenommen, das Prinzip der Kausalität tritt außer Kraft
- positive und negative Halluzination: nicht existierende Dinge wahrnehmen bzw. existierende Dinge nicht wahrnehmen
- veränderte Wahrnehmung von Raum und Zeit: Zeitverzerrung (verlangsamte/beschleunigte Zeitwahrnehmung)
- Veränderung des Denkens: sprachgebundenes, begriffliches, kritisches Denken wird abgelöst von bildhaftem, konkretem Denken
- Amnesie und Hypermnesie
- Altersregression / -progression: erneutes Erleben eines früheren Lebensabschnitts/-alters bzw. Imagination eines zukünftigen Zustands unter Hypnose

Tagträume, Fantasiereisen oder auch der kreative Flow sind willentlich herbeigeführte und bewusst gesteuerte Konzentrationen, die große Teile der Wahrnehmung ausblenden. Solche Phänomene werden entweder als Vorstufen oder bereits als leichte Formen der Trance angesehen. Die häufig bei Kindern zu beobachtende hoch konzentrierte Versenkung in eine Tätigkeit wird bisweilen bereits als leichte Trance bezeichnet. Gelingt es einem Patienten, der sich einer Psychotherapie unterzieht, aus seinem gewohnten Bezugsrahmen und seinen Überzeugungen auszubrechen, indem er vor seinem inneren Auge intensiv neue Denkmuster und Assoziationen erlebt, die ihm helfen, seine Probleme zu lösen, spricht man von einer therapeutischen Trance. Bei einer durch hypnotische Verfahren induzierten Trance entsteht eine tiefe Entspannung bei gleichzeitiger Wachheit. Die hypnotisierte Person ist weiterhin fähig, sich willentlich zu bewegen und sinnzusammenhängende Sätze zu sagen, ihre Aufmerksamkeit ist jedoch extrem eingeschränkt und auf wenige Inhalte ausgerichtet.

Die drei Hauptstadien der Hypnose und ihre Eigenschaften

Die Übergänge in den verschiedenen Trancetiefen sind fließend, deshalb könnte man die Hypnose theoretisch in beliebig viele Stadien unterteilen. Man klassifiziert aber üblicherweise drei Hauptstadien, also drei grundlegende Trancetiefen, da diese Stadien in ihrem Grundcharakter für die praktische Anwendung die wichtigsten Unterschiede aufzeigen.

1. **Somnolenz** (leichte Trance): Schläfrigkeit ausgelöst durch Suggestionen.

2. **Hypotaxie** (mittlere Trance): Suggestionen können in dieser Phase umgesetzt werden, z.B. kann Schmerzunempfindlichkeit suggeriert werden. Es tritt keine spontane Amnesie auf.

3. **Somnambulismus** (tiefe Trance): gleicht der Hypotaxie mit dem Unterschied, dass es zu völliger Amnesie kommen kann. Es kann zu völliger Anästhesie und Altersregression mit Erinnerung an frühere Lebensabschnitte kommen.

1 Stadium: leichte Trance

In der leichten Trance (auch Somnolenz genannt) ist der Unterschied zum normalen Wachbewusstsein minimal. Es sind erste einfache Suggestionen wie Wärme in bestimmten Körperteilen möglich und es tritt eine erste Entspannung der Muskulatur, sowie ein etwas gesteigertes Wohlbefinden ein. Dieses Stadium reicht für viele einfache Anwendungen schon aus. Der Klient bekommt alles mit und kann sich danach auch noch an alles erinnern.

2. Stadium: mittlere Trance

In der mittleren Trance (auch Hypotaxie genannt) setzt sich die Vertiefung der Entspannung fort. Das Wachbewusstsein wird immer eingeschränkter. Langsam beginnt ein Verlust der Eigenmotorik und es sind schon weiterführende Suggestionen möglich. Hier können schon posthypnotische Suggestionen (also Suggestionen, die erst nach der Trance eintreten) bewirkt werden. Das Wachbewusstsein hat trotzdem immer noch eine gewisse Kontrollfunktion und kann auf den Ablauf einwirken. Unter Umständen kann im Anschluss eine teilweise Amnesie (Gedächtnisverlust) in der Form stattfinden, dass man sich an die eine oder andere Passage der Suggestionen nicht mehr richtig erinnert. Der Kontext ist aber vollkommen bewusst.

3. Stadium: tiefe Trance

In der tiefen Trance (auch Somnambulismus) ist das Wachbewusstsein weitestgehend abgeschaltet. Es sind auch unlogische oder realitätsfremde Suggestionen möglich. Es kann eine komplette Amnesie erreicht werden. Des Weiteren sind positive Halluzinationen (Dinge sehen, die nicht da sind), wie auch negative Halluzinationen (Dinge, die da sind, nicht sehen) möglich. In der tiefen Trance lassen sich umfassendere Eingriffe wie großflächige Betäubung oder grundlegende Veränderungen von Verhaltensmustern vornehmen.

Praktischer Einsatz der unterschiedlichen Trancetiefen

Die Kunst der Hypnose besteht auch darin, diese Stadien zu vertiefen und gezielt nutzbar zu machen. Grundsätzlich lässt sich sagen, dass die benötigte Trancetiefe stark von der gewünschten Behandlung abhängt. Je schwieriger ein Behandlungsziel ist, desto tiefer sollte auch die Trance sein. Bei einer einfachen Phobien Beseitigung reicht oft schon eine leichte Trance, Rauchentwöhnung oder Gewichtsreduktion verlangen zumindest eine leichte bis mittlere Trance, eine Narkose, oder eine komplexere Beeinflussung von Körperfunktionen sollten zumeist in Tieftrance stattfinden.

Oft wird beobachtet, dass in tieferen Trancen ein Behandlungserfolg schneller stattfindet und eine Behandlung fester verankert ist. Das muss aber nicht unbedingt so sein. Das alles sind Erfahrungs- und Richtwerte, die stark vom einzelnen Klienten und dessen Unterbewusstsein abhängen. Bei einigen Klienten reicht sogar schon eine leichte Trance für eine Narkose oder eine sofortige Umsetzung einer komplexen Suggestion, andere brauchen eine tiefere Trance, um ein gewünschtes Ziel zu erreichen. Die tatsächlich notwendige Trancetiefe sollte der Hypnotiseur beurteilen und dem Klienten entsprechend vorschlagen.

Gamma- Beta- Alpha- Theta- und Deltawellen

Im Verlauf eines 24 Stunden Zyklus, wechseln wir abhängig von den Erfordernissen zwischen den verschiedenen Bewusstseinszuständen. Wie in der Vorstellung eines Autos, das abhängig von Anforderungen des Straßenverkehrs, die Gänge wechselt. Einen kleinen Gang für Lasten und am Berg, ein mittlerer Gang für langsames Fahren und einen hohen Gang für Autobahnfahrten. In ähnlicher Weise erfordert das Leben von uns auch, in andere Gänge zu wechseln in den verschiedenen Lebenssituationen. Delta steht in Verbindung mit tiefem Schlaf. Theta wird assoziiert mit Meditation und Traumzuständen. Alpha steht für entspannter Wahrnehmung, Kreativität und erhöhtem Lernen, Beta für höchste Wachsamkeit und Konzentration. Gamma sorgt für Koordination aller Hirnareale untereinander.

Beta steht in Verbindung mit höchster Konzentration, erhöhter Wachsamkeit, Hand Auge Koordination und Sehschärfe. Beta (38 - 15 Hz) sind die Hirnwellen des normalen Wachbewusstseins, der nach außen gerichteten Aufmerksamkeit, des logischen, prüfenden und bewussten Denkens. Die hohen Frequenzen des Betaspektrums werden besonders beobachtet bei innerer Unruhe, Angst, Stress und wenn unser innerer Kommentator oder Kritiker aktiv ist. Sie unterscheiden sich von den niederfrequenten Betawellen dessen Denken klar, wach, aufmerksam und kreativ ist.

Der **Alphazustand** ist ein Ort tiefer Entspannung, aber nicht ganz der Meditation. In **Alpha** beginnen wir Zugang zum Reichtum der Kreativität zu finden die sich gerade unterhalb der bewussten

Wahrnehmung befindet er ist das Tor und der Zugang der uns in tiefere Bewusstseinszustände führt. Alphawellen (14 - 8 Hz) treten in gelöster, entspannter Grundhaltung, beim Tagträumen und Visualisieren auf. Alphawellen sind das Tor zur Meditation, sie sind als Brücke notwendig, damit Informationen aus dem Theta-Bereich in unser Wachbewusstsein gelangen können. Wenn so tief meditieren, dass wir nur noch Theta- und Deltawellen, aber keine Alphawellen mehr produzieren, werden wir uns an die Inhalte der Meditation nicht erinnern können. Alpha ist deshalb besonders in Kombination mit anderen Hirnwellen bedeutsam.

Theta ist als Zustand zwischen den Welten bekannt, den wir für gewöhnlich nur flüchtig erfahren, wenn wir aus den Tiefen von Delta in den Wachzustand kommen oder beim Abdriften in den Schlaf. In **Theta** befinden wir uns in einem Wachtraum, lebendige Bilder ziehen an unserem inneren Auge vorbei und wir sind für Informationen empfänglich, die über das normale Wachbewusstsein hinausgehen. **Theta** (7 - 4 Hz) sind die Wellen des Unterbewussten. Sie kommen besonders im Traum (REM-Schlaf), in der Meditation, bei Gipfelerfahrungen und während kreativer Zustände vor. Im Theta-Bereich finden sich unsere unbewussten oder unterdrückten seelischen Anteile, aber auch unsere Kreativität und Spiritualität. Bilder aus dem Theta-Bereich sind oft weniger farbig, manchmal bläulich getönt, vermitteln uns aber meist ein tieferes Gefühl von persönlicher Bedeutung als die lebendigen, bunten Bilder der Alphawellen. Thetawellen allein bleiben unbewusst. Erst wenn auch Alphawellen dazukommen, können wir ihre Inhalte bewusst wahrnehmen oder erinnern.

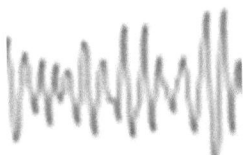
Delta steht in Verbindung mit tiefem Schlaf oder langen Gedankenketten die sich um das Nichts drehen oder um formlose Energie. Während **Delta** sind wir an unsere Quelle angeschlossen, das universale Energiefeld, und benutzen die Energie um unseren Körper und Geist zu revitalisieren. Deltawellen (3 - 0,5 Hz) sind die Hirnwellen mit der niedrigsten Frequenz und stellen den unbewussten Bereich dar. Im traumlosen Tiefschlaf, dem erholsamen Teil des Schlafes, produzieren wir ausschließlich Deltawellen. Sie kommen aber auch in Kombination mit anderen Hirnwellen vor. Dann entsprechen sie einer intuitiven Aufmerksamkeit, einer Art Radar, einer Einfühlung in Situationen oder andere Menschen. Oft verfügen Menschen aus helfenden Berufen über hohe Anteile an Delta, ebenso Menschen mit traumatischen Erfahrungen, die in einem Zustand ständiger Wachsamkeit leben.

Gamma sorgt für Koordination aller Hirnareale untereinander, Koordination von Raum und Zeit. Integration aller Sinnesdaten zu einem Gesamteindruck, den wir dann bewusst wahrnehmen. Gammawellen (100 - 38 Hz) wurden zuletzt entdeckt und sind noch am wenigsten erforscht. Sie werden mit Spitzenleistungen, starker Fokussierung und Konzentration, hohem Informationsfluss, mystischen und transzendenten Erfahrungen in Verbindung gebracht. Es wurden auch Verschmelzungserlebnisse, das Gefühl universellen Wissens und Verlust des Ich-Gefühls beobachtet. Derzeit werden vor allem Gammawellen im Frequenzband um 40 Hz im Zusammenhang mit fokussierter Meditation erforscht. Dabei ist ein besonderes Kennzeichen die Synchronisation der Gammawellen über weite Bereiche des Gehirns.

Brain Tuner (Stimmgabeln) von Biosonics

Brain Tuner (Stimmgabeln) basieren auf Studien über Gehirnwellenmuster. Schlägt man die Brain Tuner gleichzeitig am Knie an und hält den Fundamental an ein Ohr und einen der anderen Brain Tuner an das andere Ohr, dann arbeiten die beiden Gehirnhälften zusammen um die beiden Töne zu verarbeiten. Dabei generieren sie einen dritten Ton den man binauralen Ton nennt. Wenn der Fundamental Brain Tuner zusammen mit einem Delta, Theta, Alpha oder Beta Brain Tuner angeschlagen wird, wird durch die Differenz der beiden Stimmgabeln ein binauraler Ton generiert, der als Pulsation gehört wird. Der binaurale Ton gibt dem Gehirn ein sanftes Signal in den jeweils anderen Bewusstseinszustand zu wechseln. Die Brain Tuner können optimal für eine Hypnoseinduktion eingesetzt werden!

Die Fibonacci Tuner

Wenn wir den Fibonacci Tunern zuhören, halten wir natürlicherweise Ausschau nach anderen Realitäten innerhalb des Klanges. Jede andere Realität, ist ein Ort innerhalb einer Spirale, die sich um eine zentrale Vortex dreht, mit einem Stillepunkt in der Mitte, der die Verbindung zum universalen Energiefeld ist.

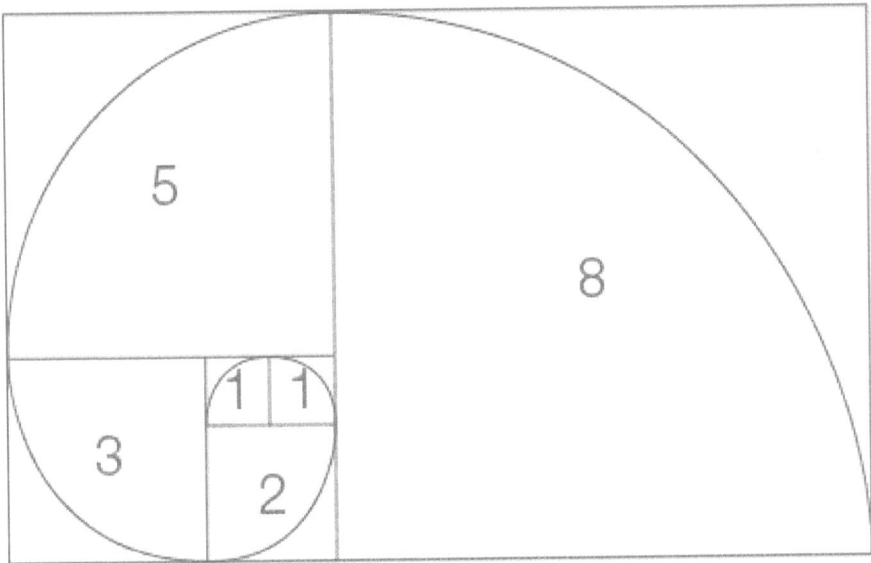

Bei vielen Gelegenheiten ist es effektiver, in einer anderen Realität zu arbeiten um wirksam zu Heilen anstatt in der normalen Realität. Das ist nicht anders, als wenn Psychotherapeuten Träume benutzen, Hypnosetherapeuten die Tranceerfahrung oder Reflexzonentherapeuten bestimmte Punkte an den Füssen, Händen oder Ohren drücken um Heilung im gesamten Körper geschehen zu lassen. In Fällen von Trauma und Süchten, dissoziieren Menschen oft in Gegenwelten. Die Fibonacci Tuners schaffen eine Brücke zwischen diesen verschiedenen Realitäten, was eine Heilungsreaktion fördern kann.

Intervall	Name	Fibonacci – Beschreibung
1 / 1	Anfang	Der Anfang aus dem alles heraus entsteht und zu dem alles wieder zurückkehrt.
1 / 2	Raum	Öffnet den Raum für alle Möglichkeiten. Öffnet neue Räume, balanciert das Ätherelement, hilft bei Kummer und Verlust.
2 / 3	Balance	Balanciert die Polaritäten aus. Harmonisiert und zentriert.
3 / 5	Träume	Das mystische Feuer, der Beginn des Aufstiegs des Bewusstseins, die Region der tausend Lichter. Vermehrtes Träumen und Visualisieren, neue Ideen und astrale Projektionen.
5 / 8	Innere Stimme	Kontakt zur inneren Stimme der Weisheit und der Heilung. Kontakt mit unserem inneren Heiler, finden hilfreicher Informationen um Weisheit und Frieden zu finden. Loslassen ungewollter Gedanken.
8 / 13	Mystische Reise	Führt uns zur Quelle der inneren Stimme, die uns jenseits von Worten, als klarer reiner Klang und Licht begegnet. Die Auflösung von Lebensdissonanzen durch reinen Klang. Klares Sehen durch die Ausrichtung auf die Quelle. Ein tiefes Gespür für die Simplizität.

13 / 21	Der große Scheideweg	Die Pforte zwischen den höheren spirituellen Realitäten und den Traumwelten, die in die normale Realität führen. Zugang zu einem höheren Zustand des Wissens und spirituellen Weisheit. Direkte Kommunikation mit Lichtwesen, Devas und Engeln.
21 / 34	Das Auge Gottes	Öffnet die Zirbeldrüse, die alle Dualitäten erkennt. Eine neue Spirale der Jakobsleiter hin zu größeren spirituellen Einsichten und Erkenntnissen beginnt. Große innere Wahrheiten kommen ans Licht und werden verstanden. Höhere spirituelle Reiche werden illuminiert und die Einfachheit der komplexen Realität offenbart.

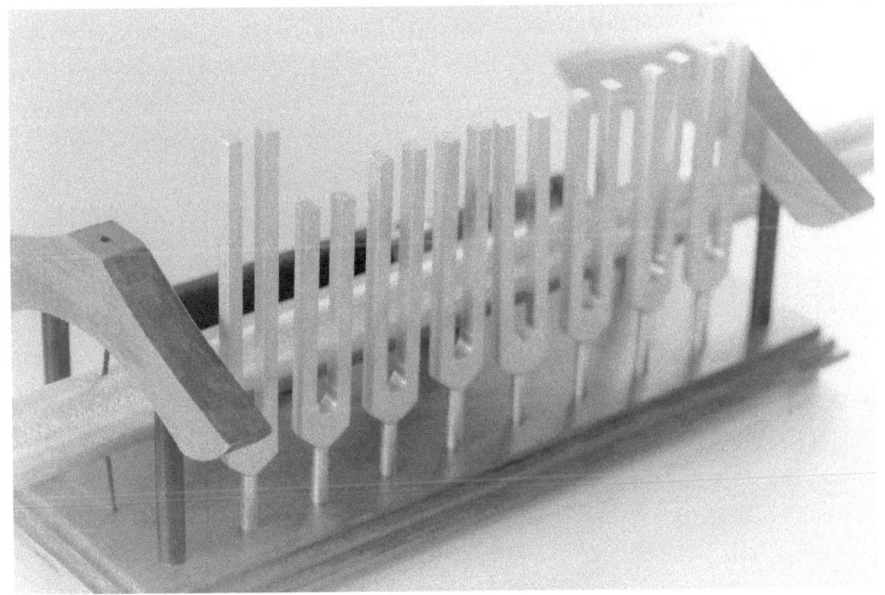

Licht, Farben und Klang sind innerhalb der Hierarchie des schöpferischen Prozesses Partner. Hörbare wie auch schwingungsmäßige Klänge können energetische Disharmonien aufspüren und auflösen. Dies unterstützt die Selbstheilung und ergänzt andere therapeutische Ansätze. Die Arbeit mit Klängen ist eine sanfte angenehme Methode und eröffnet neue faszinierende Bereiche in der Arbeit im Feinstofflichen.

Harmonische Beziehungen einzugehen ist offensichtlich nicht nur das Ziel der Musik. Es ist das Ziel von Atomen und Molekülen, von planetaren Umlaufbahnen, von Zellen und Gehirnwellen. Der Kosmos und die gesamte Schöpfung streben letztendlich zur Harmonie. Letztlich ist alles Schwingung, also Frequenz und lässt sich untereinander austauschen. Klänge, Töne, Worte, Farben auch Gedanken und Gefühle sind letztendlich die Übersetzung von Frequenzen in eine andere Form. Alles in diesem Universum ist in Schwingung, alles hat eine Resonanzfrequenz, beim Menschen jeder Knochen, jedes Organ und auch jedes Gewebe. Zusammen ergeben die einzelnen Resonanzfrequenzen eine Gesamtfrequenz, eine Harmonie, die unsere eigene und ganz persönliche Schwingung darstellt. Das heißt, wenn ein Organ oder Körperteil nicht mehr in der richtigen Frequenz schwingt, so liegt eine Blockade oder Krankheit vor. Durch das Einschwingen der entsprechenden Frequenz werden der betroffenen Körperregion Schwingungen zugeführt. Die Blockade wird dadurch gelindert oder gelöst, indem diese Region wieder eingeschwungen und die natürliche Frequenz wieder hergestellt wird. Stress verflüchtigt sich, die Gedanken kommen zur Ruhe, man fühlt sich in seiner Mitte und eine ganzheitliche Integration von Körper und Geist ist spürbar. Verschiedene natürliche Frequenzen und Schwingungen können Körper und Geist ganzheitlich aktivieren und so die Verbindung zu ursprünglichen menschlichen Lebensrhythmen wieder herstellen.

Die Angel Tuner

Basierend auf der neunten Oktave der Obertonreihen, öffnen die Angel Tuners (4096 Hz, 4160 Hz und 4225 Hz) die Pforten zum Reich der Engel. Durch das vibrieren der kranialen Knochen, öffnen die Angel Tuner die Pforten für spirituelle Einsichten und Erfahrungen. Diese Tuner stärken unsere Verbindung zu universellen Energien, helfen Inspirationen zu manifestieren und einen meditativen Zustand zu erreichen. Sie stellen Verbindungen her zu höheren Mächten, Visionen und dem kreativen Ausdruck. Diese Töne sind in der Frequenz aufsteigend. Dieses Aufsteigen der Obertonreihen repräsentiert das archetypische Bild der Jakobsleiter und die Treppe zum Himmel. Sie stärken die Verbindung zur universellen Energie. Ihre Klänge und Frequenzen führen zu spirituellen Einsichten und Erfahrungen, manifestieren Inspiration und einen meditativen Zustand und verbinden uns mit höheren Kräften und dem kreativen Ausdruck.

Hypnose und der Klang der Stimme

Neben speziellen Sprachmustern ist die Stimme eines der wichtigsten Werkzeuge des Hypnotiseurs. Dabei spielt auch die Intonation der Worte eine bedeutende Rolle. Wenn die Stimme am Ende eines Satzes oder eines Wortes nach oben geht, wird dies als „Rising Inflection" bezeichnet und suggeriert beispielsweise eher Unsicherheit, Überraschung oder Zögern. Im Sinne der Hypnose sollte beim Abschließen von Aussagen deshalb – außer, es handelt sich explizit um eine Frage – auf ein Absenken der Stimme, sogenannte „Downward Inflection" geachtet werden. Dies suggeriert Finalität und Bestimmtheit und beugt weiteren Fragen vor.

Sprachlich bedeutend ist auch die sogenannte Semantische Dichte, was bedeutet, dass Wörter zusätzlich analog markiert werden, beispielsweise „tief" auch stimmlich tief aussprechen, das Wort „kräftig" kraftvoll betonen oder „Leichtigkeit" mit leichter, luftiger, eher heller Stimme auszusprechen.

Eine Semantische Reaktion ist eine Reiz-Reaktionsverküpfung, bei der der Reiz ein Wort ist. Das heißt, dass durch ein Wort oder auch ein Symbol der Zustand einer anderen Person schlagartig verändert wird. Ein Wort an sich ist zunächst neutral, nichts als ein Klang oder in geschriebener Form ein Hell- und Dunkelkontrast. Die semantische Reaktion liegt in der Tatsache, dass ein Wort als Symptom als Teil der internalen Repräsentation mit einer (unbewussten) Bedeutung versehen wurde, welche eine individuelle (semantische) Reaktion auslöst. Verwendet man also ungünstige Worte in der Kommunikation mit sich selber oder Anderen, bekommt man auch ungünstige Ergebnisse. Hier zeigt sich deutlich ein Aspekt der Macht der Sprache und wie wir sie innerlich repräsentieren.

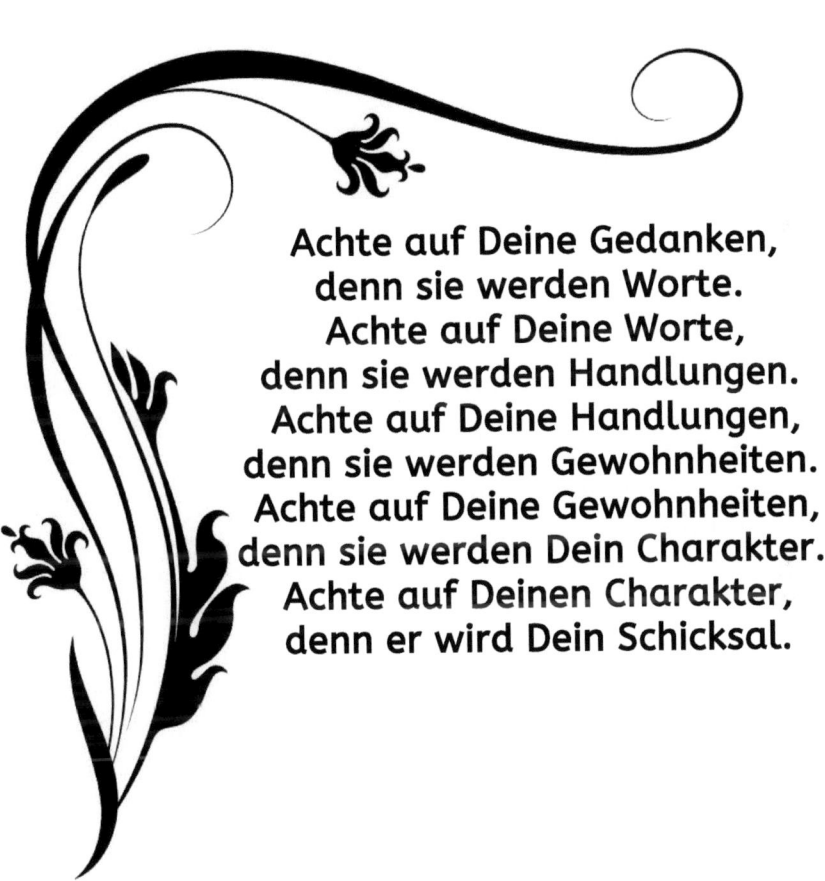

Achte auf Deine Gedanken,
denn sie werden Worte.
Achte auf Deine Worte,
denn sie werden Handlungen.
Achte auf Deine Handlungen,
denn sie werden Gewohnheiten.
Achte auf Deine Gewohnheiten,
denn sie werden Dein Charakter.
Achte auf Deinen Charakter,
denn er wird Dein Schicksal.

Die drei Gesetze der Hypnose

1. Jede bildhafte Vorstellung, die uns erfüllt, hat das Bestreben, sich zu verwirklichen!
2. Wenn sich der Wille und der Glaube feindlich gegenüberstehen, unterliegt immer und ausnahmslos der Wille.
3. Jede Anstrengung ohne bildhafte Vorstellung bewirkt das Gegenteil.

Jede bildhafte Vorstellung, die uns erfüllt, hat das Bestreben, sich zu verwirklichen!

Wir können zwar nichts in dieser Welt vermehren oder zerstören, dennoch können wir Dinge umformen oder verändern. Allerdings können wir von jetzt auf gleich unsere Gedanken in die Erschaffung bringen, die einen Augenblick zuvor noch nicht existiert haben. Nichts kann geschehen, ohne dass es zuvor gedacht worden ist. Die kleinste Bewegung, die man beispielsweise ausführen will, muss zunächst gedacht werden. Voraussetzung, dass sich der Gedanke verwirklicht, ist, dass wir ihn in eine bildhafte Vorstellung bringen. Verspürt man dann den Wunsch nach Erfüllung, steht dieser dann nichts mehr im Wege. Steht natürlich eine andere bildhafte Wunschvorstellung dagegen, ist es nicht möglich, seinen Wunsch in die Erfüllung zu bringen. Glaube trifft auf Unglaube oder Zweifel.

Wenn sich der Wille und der Glaube feindlich gegenüberstehen, unterliegt immer und ausnahmslos der Wille.

Wenn der Wille und der Glaube nicht identisch sind, unterliegt also immer der Wille! Das bedeutet zum Beispiel, wenn man sich ins Bett legt um schlafen zu gehen und dennoch glaubt, dass man nicht einschlafen kann, dann wird man tatsächlich nicht schlafen können. Erst wenn man glaubt, dass wir gleich schlafen werden, wird es geschehen. Das gleiche gilt auch bei Krankheit. Alle wollen gesund sein, doch wie kann das glaubhaft sein, wenn doch die Krankheit so scheinbar real vorhanden ist und man Schmerzen spürt? Schon mancher hat sein bestimmtes Ziel zu erreichen versucht und es trotzdem nicht geschafft, weil er das Geheimnis nicht kannte. Das Geheimnis nämlich, sich eine bildhafte Vorstellung zu machen, die ihm so vertraut und nahe liegt, dass er es selbst ganz fest glauben kann, weil er imstande ist, keine entgegengesetzte Vorstellung aufkommen zu lassen.

Jede Anstrengung ohne bildhafte Vorstellung in der Hypnose bewirkt das Gegenteil.

Jede Anstrengung ohne bildhafte Vorstellung bleibt nicht nur erfolglos, sondern bewirkt sogar das Gegenteil von dem, was wir erreichen wollen. Denn jeder Gedanke hat seine spezielle Wirkung! Es sollte daher eines unserer wichtigsten Ziele sein, unsere Gedanken zu kontrollieren, damit wir sie nach Belieben lenken und einsetzen können, um mit ihrer Hilfe unsere Ziele zu erreichen. Das gilt auch für die Hypnose.

Der kritische Faktor

Der kritische Faktor ist eine Instanz des Bewusstseins, die mit dem Bewusstsein zusammenarbeitet, und deren Funktion darin besteht, neue Informationen mit alten Wahrnehmungen und Glaubenssätzen zu vergleichen. Er lässt nur Informationen in das Unterbewusstsein, die existierende Überzeugungen und Glaubenssätzen bestätigen. Widersprechende Wahrnehmungen und Erfahrungen werden zurückgewiesen und gelangen nicht in das Unterbewusstsein. Wir können uns diesen als eine Art Sicherheitsmann vorstellen, der zwischen bewusstem und unbewusstem Bewusstsein sitzt und die Übertragung von Informationen in beide Richtungen überwacht. Lesen Sie einmal folgenden Satz am besten laut und beobachten dabei Ihre Gedanken, Gefühle und Körperreaktionen: **„Das Gras ist blau!"**

Spüren Sie es? Ein wenig Unbehagen im Bauch, der Gedanke: „Was für ein Quatsch" oder das Gefühl des Gelangweilt seins nach dem Motto „Was soll das denn jetzt...?" Da wir in unserer Kindheit gelernt haben, dass das Gras grün ist wird diese Information verteidigt und anders lautende Informationen zurückgewiesen. Sie können sich deshalb 1000 Mal sagen, dass Sie klug und liebenswert sind, Ihr Unterbewusstsein wird die Information nicht übernehmen, wenn Sie in einer längst vergangenen Zeit gegenteilige Informationen erhalten haben und diese sich in das Unterbewusstsein als wahr eingepflanzt haben. Ein sehr großer Teil unserer Handlungen wird nicht durch unser Bewusstsein aktiv bestimmt, sondern durch Automatismen. Bestimmte Situationen lösen in uns abgespeicherte Abläufe aus, die wir nicht bewusst steuern.

Mit Hilfe der Hypnose und der Selbsthypnose können wir diesen kritischen Faktor umgehen damit neue Wahrheiten entstehen und gelebt werden können.

Die drei Bausteine einer Hypnose

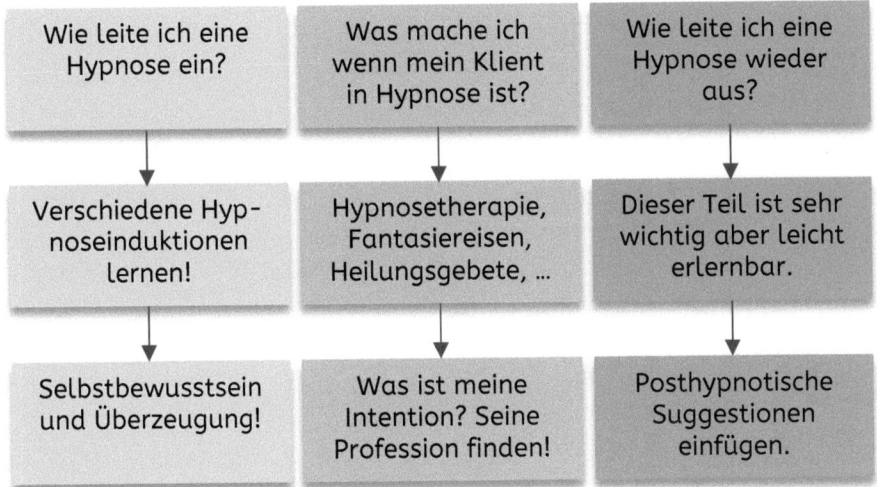

Suggestionen

In einem Entspannungszustand bzw. einer Trance tritt das kontrollierte Bewusstsein in den Hintergrund. Das Unterbewusstsein ist damit für Suggestionen viel leichter erreichbar. Auf diese Weise können erwünschte Verhaltensveränderungen mitunter erstaunlich schnell erzielt werden. Innere Bilder und Vorstellungen (Imaginationen) haben in der Hypnose eine sehr starke Wirkung auf das vegetative Nervensystem. Vorstellungen in Trance entfachen im Unterbewusstsein einen starken Handlungsantrieb.

"Wie der Mensch wird, ist eine direkte Folge seiner größtenteils unbewussten Autosuggestion."

„Glückliche Gedanken sind der erste Schritt auf dem Weg zu meiner Gesundheit."

Mit Hilfe von Suggestionen kann eine hypnotische Trance eingeleitet, vertieft und wieder aufgelöst werden. Während der Hypnose reagiert das Gehirn nicht mehr auf reale Reize, sondern auf die vom Hypnotiseur erteilten Suggestionen, welche im Zuge der Hypnose direkt auf das Unterbewusstsein wirken. Auf diese Weise können Gefühle verändert werden und man kann eine nachhaltige Entspannung erreichen. Suggestionen dienen als Werkzeug um Konflikte zu lösen und bestimmte Denkweisen, Gewohnheiten und Glaubenssätze neu zu strukturieren bzw. umzuformulieren. Dadurch wird nicht nur die psychologische Wirklichkeit, sondern auch die physiologische Wirklichkeit im Gehirn verändert. Da das Gehirn im hypnotischen Trancezustand mehr auf Bilder als auf Worte reagiert, muss der Hypnotiseur seine Suggestionen dementsprechend gestalten.

Direkte und Indirekte Suggestion

Die Suggestion kann in direkte und indirekte Suggestion unterteilt werden. Als direkte Suggestion dient ein kurzer Satz, in dem das Suggestionsziel klar ist und eindeutig formuliert ist. Will der Hypnotiseur eine Entspannung suggerieren, sagt er z.B. „Du bist jetzt ganz entspannt und ruhig." Sie zeichnet sich durch relativ direkte Befehle aus, wie z.B. „Schließe deine Augen und entspanne deinen ganzen Körper." Ziel ist es meist, den Klienten möglichst schnell in möglichst tiefe Trancezustände zu befördern.

Indirekte Suggestionen sind weniger eindeutig und autoritär wodurch Widerstände umgangen werden können. Indirekte Suggestionen werden in einem Kontext vermittelt, dafür eignen sich Phantasiereisen und das Erzählen von Geschichten. Das Vorgehen bei der indirekten Hypnose ist sehr permissiv, eine typische Formulierung wäre z.B. „und vielleicht spürst du jetzt, wie schwer deine Augenlider werden und wie sie sich jetzt ganz von selbst schließen ... während du jetzt oder in wenigen Augenblicken feststellst, wie sich dein Körper ganz automatisch wundervoll entspannt." Ziel der indirekten Hypnose ist es, dem Klienten (zumindest scheinbar) die Kontrolle über sein Handeln, Empfinden und Trance-Erleben zu geben.

Für einige Menschen ist die direkte Hypnose die bessere Wahl, für andere dagegen fühlt sich die indirekte Hypnose angenehmer an. Ein Hypnosetherapeut, der beide Stile beherrscht, lässt sich auf seinen Klienten ein und entscheidet dann nach seinem Gefühl welche Methode er nun anwendet.

Emile Coue

Emile Coue war ein französischer Apotheker und Autor sowie Begründer der modernen, bewussten Autosuggestion. Zehntausende Hilfesuchende kamen jedes Jahr aus aller Welt zu ihm. Aus seinen öffentlichen Sitzungen wurden keine Misserfolge sondern nur die erstaunlichsten Heilergebnisse berichtet. Durch seine enormen praktischen Erfolge machte er binnen weniger Jahre aus dem unbekannten Fachbegriff Autosuggestion eine weltberühmte Selbsthilfemethode.

Als Apotheker stellte er fest, wie wichtig es war, dass er einen positiven Kommentar abgab, wenn die Kunden ihre Medizin abholten. Wenn er sagte: „Mit diesem Medikament werden Sie sicher ganz schnell gesund", wirkte die Arznei sehr viel besser, als wenn er gar nichts dazu sagte. Damit war das Prinzip der Suggestion erkannt. Nach weiteren Studien begann er seine Erkenntnisse praktisch einzusetzen.

Es gelang ihm, durch Aufdeckung der inneren Vorgänge Gesetze zu formulieren, welche Autosuggestion leicht lehrbar machen und so die ungeheure Verbreitung der segensreichen Lehre ermöglicht.

Emile Coue beschrieb seine Lehre in dem Buch: „Die Selbstbemeisterung durch bewusste Autosuggestion"

Diese basierte auf zwei Grundgedanken:

1. Jeder Gedanke in uns, ist bestrebt wirklich zu werden.
2. Nicht unser Wille sondern unsere Einbildungskraft, die Fähigkeit sich etwas glauben zu machen, ist die bedeutsamste Eigenschaft in uns.

Seinen Patienten sagte Coue klar: „Ich habe keine Heilkraft, nur Sie selbst!" Große Erfolge kann man laut Coue mit der einfachen Übung erzielen, sich lebenslang täglich nach dem Erwachen und vor dem Schlafen etwa 20-mal halblaut (damit der Satz über den Gehörsinn im Unbewussten verankert wird) vorzusprechen:

„Es geht mir mit jedem Tag in jeder Hinsicht immer besser und besser!"

Dieser Satz ist in einem hypnotherapeutischen Kontext auch sehr gut dafür geeignet ihn als posthypnotische Suggestion einzufügen.

„Es geht mir mit jedem Tag
in jeder Hinsicht
immer besser und besser!"

Posthypnotische Suggestionen

Eine posthypnotische Suggestion ist ein Auftrag oder Befehl, den der Klient während der hypnotischen Trance erhält und der erst nach Aufhebung der Trance von ihm ausgeführt werden soll. Posthypnotische Suggestionen sollen auch nach der Hypnose weiterwirken. Manchmal verknüpft man eine posthypnotische Suggestion auch mit einer künstlich erzeugten Amnesie und sorgt so dafür, dass der Klient nicht kritisch über die neuen Denkmuster reflektiert. Man will schließlich bei ihm das Gefühl auslösen, dass die positive Veränderung aus ihm selbst kommt und nicht das Ergebnis einer Fremdsuggestion ist. Allgemein kann man sagen, dass eine posthypnotische Suggestion umso wirksamer ist, je tiefer die Trance ist.

Das Erfolgsrezept

Je tiefer du in die Hypnose hineingehst, umso schärfer werden deine Sinne. Das Bewusstsein nimmt eine andere Rolle an, während du dich in Hypnose befindest. Es übernimmt die Rolle des Pförtners, des Bewachers, der dich beschützt.

Wenn du in Hypnose eine Suggestion bekommst, hörst du sie laut und deutlich. Wenn du die Suggestion hörst, dann triffst du eine von vier möglichen Entscheidungen. Mit der Wahl dieser Entscheidung entscheidest du über Erfolg oder Misserfolg. Welche Entscheidung du triffst, ist ausschlaggebend dafür, ob diese Suggestion die Erlaubnis bekommt, durch den Kritischen Teil in dein Unterbewusstes zu gelangen oder ob sie abgewiesen wird. Wenn sie hinein darf, dann wird sie zur Realität für das Unterbewusstsein. Wenn sie abgewiesen wird, gibt es keine Veränderung.

Deine Wahlmöglichkeit

1. Du hörst die Suggestion und denkst: „Diese Suggestion gefällt mir, sie wird funktionieren!" Diese ganz bewusste mentale Einstellung ermöglicht der Suggestion, in dein Unterbewusstsein zu gelangen und die Veränderung beginnt.
2. Du hörst die Suggestion und sie entspricht überhaupt nicht deinem Wunsch, oder sie widerspricht deinen moralischen Werten oder deinem Glauben. Wenn sich die Suggestion nur ein wenig unpassend anhört, wird sie vom Kritischen Teil des Bewusstseins abgewiesen. Es gibt keine Veränderung.
3. Du stehst der Suggestion neutral gegenüber. Es ist dir egal, ob sie funktioniert oder nicht. Auch mit dieser Einstellung wird die Suggestion abgewiesen.
4. Zweifel! Zweifel weist die Suggestionen ebenfalls ab.

Gottes Wort will bei dir wachsen

Als Jesus in Galiläa wirkte, versammelte sich eine große Menschenmenge am See, um ihn lehren zu hören. Er erzählte ihnen von einem Sämann, der auf unterschiedlichem Boden säte, auf felsigem, dornigem und fruchtbarem Boden und auch unterschiedliche Ernte einbrachte.

Höret zu! Siehe, der Sämann ging aus, zu säen. Und es begab sich, indem er säte, dass etliches an den Weg fiel, und die Vögel des Himmels kamen und fraßen es auf. Anderes aber fiel auf steinigen Boden, wo es nicht viel Erde hatte, und es ging alsbald auf, weil es nicht tiefe Erde hatte. Als aber die Sonne aufging, wurde es verbrannt, und weil es nicht Wurzel hatte, verdorrte es. Und anderes fiel unter die Dornen, und die Dornen wuchsen auf und erstickten es, und es gab keine Frucht. Und anderes fiel auf gutes Erdreich und brachte Frucht, die aufwuchs und zunahm, und etliches trug dreißigfältig, etliches sechzigfältig und etliches hundertfältig. Und er sprach zu ihnen: „Wer Ohren hat zu hören, der höre!"

Markus 4:3-9

Dann erzählte er ihnen ein weiteres Gleichnis, das nur im Markusevangelium festgehalten ist und in dem es darum geht, was ein Samenkorn wachsen lässt. Er sagte: „Mit dem Reich Gottes ist es so, wie wenn ein Mann Samen auf seinen Acker sät. Dann schläft er und steht wieder auf, es wird Nacht und wird Tag, der Samen keimt und wächst und der Mann weiß nicht, wie. Die Erde bringt von selbst ihre Frucht, zuerst den Halm, dann die Ähre, dann das volle Korn in der Ähre. Sobald aber die Frucht reif ist, legt er die Sichel an, denn die Zeit der Ernte ist da."

Markus 4:26-29

In diesem Gleichnis sät der Sämann voll Glauben und erntet voller Freude. Er sät und stellt eines Tages fest, dass der Samen gewachsen und das Getreide reif geworden ist. Der fruchtbare Boden sowie Sonne, Regen, Wind und Tau und weitere Faktoren, auf die er keinen Einfluss hat, haben das Getreide wachsen und reifen lassen.

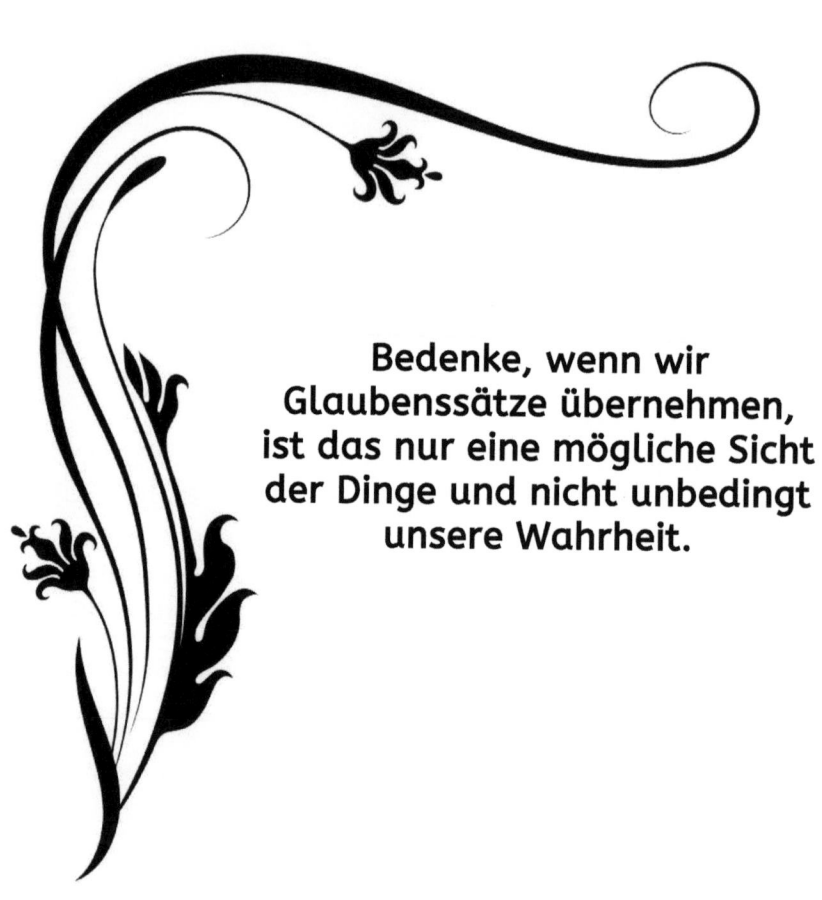

Bedenke, wenn wir
Glaubenssätze übernehmen,
ist das nur eine mögliche Sicht
der Dinge und nicht unbedingt
unsere Wahrheit.

Glaubenssätze und Gewohnheiten

Glaubenssätze und Gewohnheiten sind wie ein Seil. Wir weben jeden Tag einen Faden und irgendwann können wir es nicht mehr zerreißen. Jeder hat schon am eigenen Leib erlebt, dass es nichts Hartnäckigeres gibt als Gewohnheiten. Trotzdem lässt sich auch jede Gewohnheit verändern, wenn wir das wirklich wollen. Voraussetzung dafür ist allerdings, dass man den Autopiloten in diesen Bereichen ausschaltet und auf Steuerung durch das Bewusstsein umschaltet. Dies ist am Anfang ungewohnt. Deshalb bekommen wir von unserem System auch kein Bestätigungsgefühl, sondern eher ein Störgefühl. Es fühlt sich halt ungewohnt an.

Einschränkende Glaubenssätze hindern uns daran, das zu leben, was wir wirklich sind und wollen. Sie beschneiden uns in unserer Freiheit und Selbstverwirklichung. Selten überprüfen wir unsere Glaubenssätze und so bleiben sie in unserem Unterbewusstsein bestehen, auch wenn sie schon lange nicht mehr zutreffend sind. Wenn wir etwas glauben, halten wir es auch für wahr. Besonders immer wieder bestätigte und alte Glaubenssätze sind tief in unser Unterbewusstsein eingelagert und warten still auf den Startschuss, um dann sofort in Aktion zu treten, aber auf keinen Fall, um sich zu verändern. Glaubenssätze verändern sich eigentlich nur, wenn wiederholt gegenteilige Erfahrungen gemacht werden oder bewusst dagegen angesteuert wird. Je mehr wir jedoch Fäden des Neuen weben, umso fester wird das neue Seil. All dies erfordert Geduld und Ausdauer, eine Tugend, die in unserer schnelllebigen Zeit immer mehr verloren geht. Schnelle Lösungen sind gefragt. All das, was man sich in vielen Jahren oder Jahrzehnten erwirkt hat, kann sich jedoch nicht in kurzer Zeit verändern. Jeder Gärtner weiß, dass er das Wachstum nicht beschleunigen kann, indem er ungeduldig an den Pflanzen zieht.

Einschränkende Glaubenssätze

Man fühlt sich beispielsweise depressiv, obwohl man gutgelaunt sein will. Man will nicht zu viel essen und tut es doch. Man will mit einer Arbeit anfangen und trödelt herum. Man braucht Geld, aber es fehlt. Man will sich durchsetzen, aber man passt sich an. Man will kommunikativ sein, aber man zieht sich zurück. Wir leiden unter einer inneren Hemmung, deren Ursache im Inneren verborgen ist.

Bei vielen negativen Ereignissen und bei fast jedem traumatischen Ereignis bilden und prägen sich in unserem Unterbewusstsein einschränkende Glaubenssätze, die lebenslang gespeichert werden. Solche Sätze wie „Ich bin nicht liebenswert" oder „Ich bin schwach" und unzählige andere beeinflussen unser Verhalten im täglichen Leben. Je mehr einschränkende Glaubenssätze durch unser Unterbewusstsein wirken, desto mehr sucht der Körper einen Ausweg in Form von chronischen Beschwerden und Schmerzzuständen aller Art.

Ein Programm (Glaubensätze, Gewohnheiten, ...) ist ein Denk- oder Verhaltensmuster, das in der Vergangenheit, oft in der Kindheit, bewusst oder unbewusst aufgenommen wurde. Es wirkt vom Unterbewusstsein her und setzt sich stets gegenüber dem bewussten Willen durch. Es gibt sinnvolle Programme (nach rechts und links blicken, bevor man die Straße überquert) und störende Programme (sich anpassen, um nicht bestraft zu werden). Gegen ein Programm zu verstoßen ist, wenn überhaupt, nur mit starker Anstrengung möglich. Da die Ursachen unbewusst sind, können sie meist nur in langwieriger therapeutischer Arbeit ermittelt werden.

In der Hypnosetherapie kann der Therapeut in Zusammenarbeit mit der Klientin oder dem Klienten deren Unbewusstes durch bestimmte Fragetechniken (z.B. über das Flussdiagramm der Psycho-Kinesiologie nach Dr. Klinghardt, wobei wir aber anstatt des Muskeltests, ideomotorische Fingersignale einsetzen) zügig erforschen. So können Problembereiche, Ursachen, Entstehungszeit, Personen und die dem Problem unbewusst zugrundeliegenden positiven Absichten ermittelt werden.

In der Hypnosetherapie werden dann einschränkende bzw. krankmachende Glaubenssätze die in bestimmten Zusammenhängen entstanden sind, aufgedeckt und durch neue, freimachende ersetzt.

Einschränkende Glaubenssätze durch freimachende ersetzen

Mit dem Mittelfinger der rechten Hand den Akupunkturpunkt Dünndarm 3 im Sekundentakt klopfen, während man den freimachenden Glaubenssatz 3x laut und 3-4x leise spricht. Dadurch findet eine Umpolung statt!

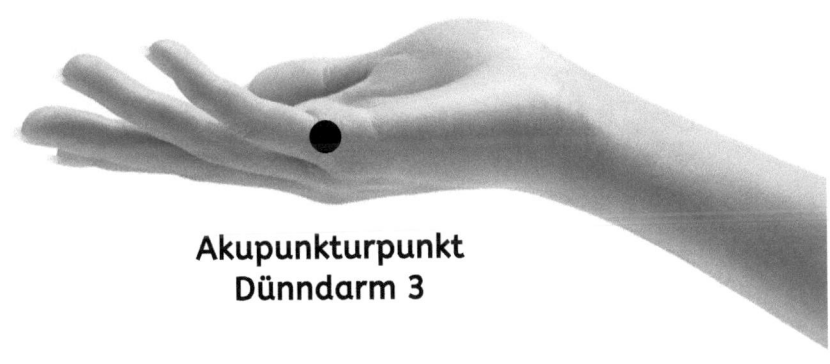

Akupunkturpunkt
Dünndarm 3

Heilung durch Glaube

Die Annäherung an das Göttliche ist die wahre Therapie und insofern man die göttliche Erfahrung macht, wird man vom Fluch des Pathologischen befreit. Sogar die Krankheit an sich nimmt eine göttliche Eigenschaft an. In Übereinstimmung mit allen Religionen wissen wir, dass die Menschen über ein göttlich-kosmisches Heilzentrum verfügen, aus dem die Lebensenergie und die Heilkräfte fließen. Wenn man mit diesem Heilungszentrum in Verbindung steht, wird man weder Schmerz noch andere körperliche Leiden empfinden.

Wenn der Glaube Berge versetzt

Nicht nur eine längst überfällige Änderung der Lebensumstände beeinflusst die Körpervorgänge und die Stärke der Selbstheilungskräfte offenbar enorm. Auch der eigene Glaube. Denn dieser kann, wie wir alle längst wissen, Berge versetzen. Mentale Kraft kann heilen und eine wichtige Komponente einer jeden Therapie darstellen, ob ganzheitlich oder nicht. Diese mentale Kraft können wir jederzeit für uns selbst nutzen. Wir benötigen dafür weder die Hilfe noch das Einverständnis des Arztes. Wir müssen nicht einmal darüber reden. Wichtig ist nur, dass wir um diese Kraft wissen. Denn sie steckt in jedem von uns und wartet nur darauf, gebraucht zu werden!

Die Apostel baten den Herrn: „Gib uns doch mehr Glauben!" Der Herr antwortete: „Selbst wenn euer Glaube nur so groß wäre wie ein Senfkorn, könntet ihr zu diesem Maulbeerbaum hier sagen, heb dich samt deinen Wurzeln aus der Erde und verpflanze dich ins Meer, und er würde euch gehorchen."

Lukas 17:5,6

Der Glaube

Um Heilung durch Jesus Christus zu empfangen, ist der Glaube, dass du das empfangen hast, worum du im Gebet gebetet hast. Viele beten jahrelang um Segnungen, die Gott zu geben verheißen hat, aber sie glauben nicht, dass sie erhört worden sind, es sei denn, dass sie es fühlen oder sehen können. Glauben heißt, überzeugt zu sein, dass das was Gott verheißen hat und was du beanspruchst, wirklich dein ist und dass du es im Gebet empfangen hast, auch wenn du es noch nicht sehen oder fühlen kannst. Der wahre Glaube ist allein auf Gottes Verheißungen gegründet.

Hier befinden sich deine Seele, die sich aus dem Verstand, dem Willen und den Gefühlen zusammensetzt, und dein Glaube in einem Kampf. Auf diesem Gebiet ist der Kampfplatz zwischen deiner Vernunft und dem Wort Gottes. Die Vernunft sagt, dass die Krankheit noch immer da ist. Jetzt musst du Gottes Wort über deine Vernunft, deine Gefühle und das Sichtbare setzen.

„Mein Sohn, merke auf meine Worte, neige dein Ohr zu meinen Reden! Lass sie nie von deinen Augen weichen, bewahre sie im innersten Herzen! Denn sie sind das Leben denen, die sie finden und Heilung ihrem ganzen Leib!"
Sprüche, Kapitel 4:20-22

Jedem Menschen ist ein Maß des Glaubens gegeben

Gott hat jeden Menschen mit fünf Sinnen ausgestattet. Sie sind natürlich und gegeben, damit wir und in der natürlichen Welt zurechtfinden. Aber ebenso hat Gott in den Geist eines jeden Menschen ein Maß des Glaubens gegeben. Der Glaube ist die völlige Überzeugung und Verwirklichung dessen, was die Sinne als nichts oder als unrealistisch auffassen. Es besteht ein ununterbrochener Kampf zwischen unseren Sinnen und unserem Glauben. Unsere Sinne erheben und empören sich gegen Gottes Wort. Sie streiten, kämpfen und sagen, dass es nicht so sein kann, weil nichts zu sehen und zu fühlen ist. Doch der Glaube erklärt ruhig: „Es steht geschrieben! Gottes Wort sagt es, darum ist es wahr!"

„Gott ruft dem, was nicht ist, als wäre es da."

Römer 4:17

„Alles, was ihr im Gebet verlangt, glaubt, dass ihr es empfangen habt, so wird es euch zuteilwerden."

Markus 11:24

In Matthäus 17:14-21 geht es um die Jünger Jesu. Sie sind nicht imstande, einem Vater zu helfen, der seinen dämonisierten Sohn bringt. Jesus findet harte Worte für seine Jünger. Auf ihre Frage, warum sie den Geist nicht austreiben konnten, ist seine Antwort: „Wegen eures Kleinglaubens!" Jesus bedrohte alsdann den bösen Geist, da fuhr er von dem Knaben aus, so dass dieser von jener Stunde an gesund war. Hierauf traten die Jünger zu Jesus, als sie mit ihm allein waren, und fragten: „Warum haben wir den Geist nicht austreiben können?" Er antwortete ihnen: „Wegen eures Kleinglaubens! Denn wahrlich ich sage euch: „Wenn ihr Glauben wie ein Senfkorn habt und diesem Berge gebietet: Rücke von hier weg dorthin! , so wird er hinwegrücken, und nichts wird euch unmöglich sein." Jesus verdeutlicht, dass der Kleinglaube der Jünger, die den Dämon nicht austreiben konnten, in Wirklichkeit kein Glaube ist. Denn wenn der Glaube nur so groß wäre wie ein Senfkorn, würde geschehen, was die Jünger sagen. Ein Senfkorn gilt immer als winzigste Einheit. Jesus sagt, die kleinste Portion wirklichen Glaubens genügt, um Berge zu versetzen – das bedeutet, um Wunder zu vollbringen.

Das Vorgespräch

Einer der wichtigsten Momente des hypnotischen Prozesses ist das Vorgespräch, der Pre-Talk. Dieser wird in der klassischen Hypnose dazu genutzt, um dem Klienten genau zu erklären, was ihn erwartet, wie die Hypnose abläuft, Vorurteile und Ängste abzubauen, die Erwartungshaltung zu steigern und durch all diese Dinge Rapport aufzubauen. Der Hypnotiseur stellt viele Fragen, um dann über Pacing (Spiegeln) und Leading (Führen) Vertrauen und Kompetenz aufzubauen. Dadurch entsteht das Gefühl, in sicheren Händen zu sein und jederzeit Kontrolle über die Situation zu haben.

Es ist sehr hilfreich eine Ja-Straße (immer wieder Dinge erwähnen die der Klient bejaht) aufzubauen und nach und nach einige einfache Suggestionen einzustreuen und darauf zu achten, ob der Klient bereits auf jene eingeht und sie erfüllt.

Pacing/Spiegeln bezeichnet körperliches Sich-Anpassen an Haltung, Gestik, Atmung, Mimik, Bewegungen oder Gewichtsverlagerungen, Muskeltonus etc. Hier passt man sich wie ein Spiegel an alles an, was man sehen kann. Die andere Person wird da abgeholt, wo sie steht. Ich pace z.B. gerne das Sprechtempo, den Rhythmus, die Tonlage des anderen.

Nachdem man sich eine Weile dem Partner angeglichen und den Rapport hergestellt hat, kann man dazu übergehen, ihn zu führen (Leading) und dadurch die Richtung der Kommunikation zu verändern. Leading heißt, jemanden auf der Basis von Rapport zu einem bestimmten Ziel oder Ergebnis hinzuführen.

Alles was lebt, trägt Wunden davon

Keiner bleibt unverletzt. Jeder Baum hat seine eigene Geschichte. Stürme brechen seine Äste ab. Wunden kerben sich in seine Rinde. Bäume, verwundbar wie wir.

Keiner bleibt unverletzt. Alles was lebt, trägt Wunden davon: Enttäuschungen, Schicksalsschläge, zerbrochene Beziehungen. Nicht selten wächst die Verbitterung.

Die Erinnerungen vergiften unser Denken und Fühlen. Eine schwere Not heißt: „Leiden an Erinnerungen." Kränkungen seit der Kinderzeit, Zurücksetzungen und Enttäuschungen, auch eigene Schuld sind seelische Verwundungen, die in fast jeder Lebensgeschichte eine Rolle spielen. Können Erinnerungen unser Leben so stark bestimmen?

Wenn ich einen Menschen richtig verstehen will, dann bitte ich ihn: „Erzählen Sie mir bitte Ihre Lebensgeschichte."

Für viele Menschen ist Leid leichter zu ertragen, wenn sie einen Sinn im Erleiden von Schmerzen erkennen können. Die heutige Medizin stößt bei der Frage, welchen Sinn das Leiden im Leben der Menschen haben könnte, an ihre Grenzen. Philosophen weisen auf die Bereicherung der Menschen durch Leid- und Schmerzerfahrung hin und sprechen davon, dass sie Wandlungsprozesse einleiten und unterstützen können. Auch die verschiedenen Religionen bemühen sich um die Erklärung der Sinnhaftigkeit menschlichen Leides. Ein traditionell religiöses Verständnis ermöglicht gleichermaßen die Annahme von Schmerz und Krankheit wie auch den energischen Kampf, sie zu überwinden. Viele Menschen sind heute allerdings nicht mehr in eine traditionelle Glaubensgemeinschaft eingebunden und finden keinen Zugang zu dem Trost, den eine Religion ihnen anbieten könnte.

Der Rapport

Rapport bedeutet, Menschen auf ihrem Niveau anzusprechen und deren Sprache zu verwenden, um sie von Gedanken zu überzeugen, die sie nicht verstanden hätten, wären sie in einer anderen Form dargestellt worden. Rapport ist die Fähigkeit, die Welt eines anderen zu betreten und zu ihm eine Brücke zu bauen. Es ist die Kunst, die Unterstützung und Mitarbeit anderer zu erhalten, um ein gemeinsames Ziel zu erreichen. Rapport ist eine Beziehung, die gekennzeichnet ist durch Zustimmung, gleiche Richtung oder Ähnlichkeit. Wenn der Rapport vorhanden ist, dann verschwindet der Widerstand. Rapport bedeutet, einen tiefen Kontakt zu dem Unbewussten des anderen aufzubauen, mit dem anderen auf eine Wellenlänge zu kommen. Rapport entsteht durch bewusstes oder unbewusstes Angleichen aneinander.

Heilung durch Empathie

Empathie, Einfühlungsvermögen, ist die Fähigkeit, sich in die Gedanken, Gefühle und das Weltbild von anderen hineinzuversetzen. Empathie oder Einfühlungsvermögen ist die Bereitschaft zu verstehen. Das Gefühl, verstanden zu werden, hat auf Menschen eine erstaunliche, ja heilsame Wirkung. Einfühlungsvermögen ermöglicht uns, anderen Menschen effektiv und effizient zu helfen, indem wir aus der Perspektive des Betroffenen heraus nach Lösungen suchen, Trost spenden und Situationen zutreffend verstehen und interpretieren.

Das beste Heilmittel für den Menschen ist der Mensch. Der höchste Grad der Arznei ist die Liebe.

Paracelsus

Dir vertraue ich

… Dir vertraue ich … Du weißt, wovon du redest wenn du vom Leben sprichst … Du strahlst Stärke und Verletzlichkeit aus … Du hast die Stürme des Lebens am eigenen Leib erfahren … Du wurdest von der Kälte fast auseinandergerissen … und von der Glut der Hitze beinahe verbrannt … Du kennst die Narben des Lebens … und alle Schmerzen und Ängste … Gegen viele Widerstände bist du geworden … gewachsen … gereift … Dir vertraue ich … Wenn du mir sagen willst, dass du deine Kraft aus den Wurzeln holst …. und das Leben möglich ist … weil du dich weit nach oben ausstreckst.

Solches habe ich mit euch geredet, dass ihr in mir Frieden habet. In der Welt habt ihr Angst, aber seid getrost, ich habe die Welt überwunden.

Kommt her zu mir, alle, die ihr mühselig und beladen seid, ich will euch erquicken. Nehmt auf euch mein Joch und lernt von mir, denn ich bin sanftmütig und von Herzen demütig, so werdet ihr Ruhe finden für eure Seelen. Denn mein Joch ist sanft, und meine Last ist leicht.

Matthäus 11:28-30

Den Frieden lasse ich euch, meinen Frieden gebe ich euch. Nicht gebe ich euch, wie die Welt gibt. Euer Herz erschrecke nicht und fürchte sich nicht.

Johannes 14:27

Jesus spricht: „Ich bin das Brot des Lebens. Wer zu mir kommt, den wird nicht hungern, und wer an mich glaubt, den wird nimmermehr dürsten."

Johannes 6:35

Fraktionierung, die Unterbrechung der Hypnose

Eine Fraktionierung, die Unterbrechung der Hypnose, wirkt vertiefend!

In der Fraktionierung unterbricht der Hypnotiseur die Hypnose und bringt den Klienten aus der Trance zurück in einen fast wachen Zustand. Der Klient ist ansprechbar, kann normal antworten und sich frei bewegen.

Die Fraktionierung hat die Eigenschaft, sich vertiefend auf die Hypnose auszuwirken. Leitet man die Hypnose ein, fraktioniert dann und bringt den Klienten anschließend wieder in Trance, ist die anschließende Trancetiefe tiefer als die erste. Auf diese Weise kann man die Hypnose stufenförmig vertiefen bis eine gewünschte Trancetiefe erreicht ist.

Bei der fraktionierten Hypnose-Einleitung wird der Klient schrittweise durch abwechselnde Entspannungs- und Fraktionierungsphasen immer tiefer in Trance gebracht. Der Vorteil der fraktionierten Einleitung ist, dass sie schneller in eine größere Tiefe führt.

Bsp. Ich werde nun bis 3 zählen ... bei 3 öffnest du bitte deine Augen und kannst dich ganz normal mit mir unterhalten ... dein ganzer restlicher Körper bleibt in diesem angenehmen Zustand der Ruhe und Entspannung ... wenn ich danach deine Stirn berühre, schließt du bitte deine Augen und sinkst sofort ganz automatisch noch viel, viel tiefer in diesen angenehmen Zustand ... 1 ... 2 ... 3 ... (Gespräch, Fragen, etc.) ... (mit Finger die Stirn berühren) ... Schließ nun bitte wieder deine Augen ... und sinke tiefer und tiefer ... noch viel tiefer in diesen angenehmen Zustand ...

Das Utilisieren

Mit dem Utilisieren ist gemeint, bestimmte Umstände durch Suggestionen wirksam für einen Effekt zu nutzen. Diese Hypnosetechnik ist aufgrund ihrer vielfältigen Einsatzmöglichkeiten weit verbreitet. Durch das Utilisieren findet ein verstärkter Rapportaufbau statt. Der Klient fühlt sich in seiner Wahrnehmung ernst genommen und verstanden. Mögliche störende Geräusche werden nicht mehr als störend empfunden, sondern mit einem positiven Effekt in Verbindung gebracht. Suggestionen im Zuge des Utilisierens sind erfahrungsgemäß noch effektiver als bloße Suggestionen.

Wenn in einer Hypnoseeinleitung mit der Atmung gearbeitet wird, spricht man z.B. ... „und mit jedem Ausatmen kannst du dir erlauben noch viel tiefer zu gehen" ... „mit jedem Heben und Senken des Brustkorbs tiefer gehen" ... immer genau dann, wenn der Klient tatsächlich ausatmet oder sich sein Brustkorb gerade senkt.

Das Utilisieren von Geräuschen

Bsp. ... Du merkst, dass du alles hören kannst. Geräusche hier aus dem Raum und Geräusche von draußen. Aber von jetzt an sind diese Geräusche überhaupt nicht mehr wichtig, im Gegenteil, egal welches Geräusch, egal wie laut, mach es zu einem Signal für dich, mit dem du noch viel tiefer in diesen angenehmen Zustand der Entspannung sinkst. Egal welches Geräusch, egal wie laut. Einzig meiner Stimme erlaube, tief in dein Inneres zu dringen, solange meine Worte deinem eigenen Wunsch und Willen entsprechen.

Ideomotorik

Unter Ideomotorik versteht man in der Hypnotherapie die Arbeit mit suggerierten Körperbewegungen. Es geht eigentlich nicht um motorische Bewegungen aufgrund von Ideen, also von Gedanken, sondern vielmehr um körperliche Bewegungen als Reaktion auf hypnotische Suggestionen, unabhängig davon, ob diese bewusst wahrgenommen werden oder nicht. Eine ideomotorische Suggestion kann eingesetzt werden als Hypnosetest, um festzustellen in welcher Trancetiefe sich der Klient befindet und sie gibt uns zusätzlich die Möglichkeit den Patienten zu befragen ohne dass er verbal antworten muss.

Bsp. ... Ich werde dein Unterbewusstsein nun gleich befragen ... und es kann mir antworten ... indem es deine beiden Zeigefinger bewegt ... dein rechter Zeigefinger steht für „Ja" und dein linker Zeigefinger für „Nein" ... ich bitte dein Unterbewusstsein ein Ja-Signal zu geben, wenn es bereit ist. (Wird die Suggestion angenommen wird der rechte Zeigefinger automatisch kurz zucken)

Formen von Ideomotorik

- Levitation bedeutet, dass ein Körperteil, in der Regel ein Arm, eine Hand oder ein Finger, sich aufgrund von hypnotischen Suggestionen wie von selbst erhebt.

- Katalepsie ist ein Starre Zustand eines Körperteils (in der Regel wiederum eines Armes) oder des ganzen Körpers aufgrund von hypnotischer Suggestion.

- Ideomotorisches Signalisieren ist eine Technik, bei der entweder im Wachzustand oder in der hypnotischen

Trance bestimmte Bewegungen (in der Regel das Heben von Fingern) als Signalsystem etabliert werden.

Bsp. Ich werde nun deinen Arm anheben ... *(Arm senkrecht anheben. Am Unterarm, der Handfläche und den Fingern nun ganz leicht einige Punkte klopfen und damit eine Katalepsie erreichen)* ... und wenn dein Unterbewusstes nun bereit ist, dich in eine noch tiefere und wundervolle Trance zu tragen ... wird es deinen Arm ganz langsam senken ... und je mehr sich dein Arm dann senken wird ... umso tiefer wirst du von deinem Unterbewusstsein in diesen wundervollen Zustand getragen ...

Befindet sich der Klient in einer Trance, wird diese Suggestion vom Unterbewusstsein angenommen und ausgeführt. Erst wird der Arm kataleptisch anschließend beginnt der Arm sich dann mit kleinen zuckenden Bewegungen abzusenken.

Diese Erfahrungen überzeugen den Patienten, dass er sich in einem Sonderzustand, nämlich in einer hypnotischen Trance befindet. Das ist vor allem deswegen wichtig, weil Trancezustände von den meisten Patienten zunächst nicht als solche registriert werden. Zudem ist es auch für den Hypnotiseur ein Zeichen, dass sich sein Klient tatsächlich in einer Trance befindet.

Indirekte Hypnoseeinleitung mit Augenfixierung und Armlevitation

Diese Hypnoseinduktion ist bei gutem Rapport und hoher Suggestibilität des Klienten einsetzbar. Bitte auf genaues Utilisieren achten.

Augenfixierung

... Möchtest du dir einen Punkt suchen, den du dir gerne ansiehst? ... Wollen deine Augenlider blinzeln ... während du diesen Punkt betrachtest? ... Beginnen sich deine Lider gleichzeitig ... oder einzeln zu schließen? ... Langsam ... oder schnell? ... Schließen sie sich plötzlich ... oder blinzeln sie zuerst ganz von selbst? ... Schließen sich deine Augen immer häufiger ... je entspannter du dich fühlst? ... Das ist gut ... Können deine Augen jetzt geschlossen bleiben ... während du dich immer wohler fühlst ... wie vielleicht vor dem Einschlafen? ... Hält dein Wohlbefinden weiterhin an ... so dass du gar nicht mehr versuchen willst ... die Augen zu öffnen? ... Oder möchtest du es gerne versuchen ... und merkst du ... dass du es nicht kannst? ... Und wie bald wirst du gar nicht mehr daran denken ... weil dein Unterbewusstes träumen möchte?

Armlevitation

... Kannst du dich bequem hinsitzen ... und deine Hände leicht auf deine Oberschenkel legen? ... So ist es recht ... ohne dass sie sich gegenseitig berühren ... kannst du deine Hände ganz leicht auflegen ... so dass die Fingerspitzen kaum die Schenkel berühren? ... So ist es recht ... Jetzt ... wo sie so leicht daliegen ... bemerkst du ... wie die Fingerspitzen dazu tendieren ... sich mit jedem Atemzug ... ein bisschen von selbst zu heben? ... Beginnen sie sich noch leichter und müheloser zu heben ... je mehr sich jetzt dein Körper entspannt? ... Merkst du wie sich die Hände mit jedem Heben ... und Senken des Brustkorbs immer leichter und leichter heben? ... Und während du dich weiter entspannst ... hebt sich jetzt die eine ... oder die andere Hand stärker ... oder vielleicht beide gleichzeitig? ... Und bleibt diese Hand oben ... und steigt sie von selbst immer höher? ... Will ihr die andere Hand folgen ... oder will sie sich in deinem Schoß entspannen? ... Gut so ... Und hebt sich diese Hand weiter mit diesen kleinen zuckenden Bewegungen ... oder hebt sie sich immer ruhiger ... je mehr sie sich deinem Gesicht nähert? ... Bewegt sie sich rascher oder langsamer ... während sie sich mit zunehmendem Wohlbefinden deinem Gesicht nähert? ... Braucht sie eine kleine Pause, bevor sie dein Gesicht berührt ... damit du weist ... dass du in eine Trance übergehst? ... Und sie wird dein Gesicht nicht berühren ... bis dein Unterbewusstsein wirklich bereit ist ... dich tiefer gehen zu lassen ... nicht wahr? ... Und wird dein Körper automatisch einen tiefen Atemzug machen ... wenn die Hand dein Gesicht berührt ... während du dich wirklich entspannst ... und erlebst, wie du tiefer gehst? ... So ist es gut ... Und wirst du überhaupt das zunehmende Gefühl des Wohlbefindens bemerken ... wenn deine Hand langsam von selbst in deinen Schoß zurückkehrt? ... Und wird dein Unbewusstes schon träumen ... wenn deine Hand zur Ruhe kommt?

Bei vielen Gelegenheiten ist es effektiver, in einer anderen Realität zu arbeiten um wirksam zu Heilen anstatt in der normalen Realität.

Die Elmen Induktion (erweiterte Version)

Diese Hypnoseinduktion ist sehr elegant und effizient und beinhaltet alle klassischen Elemente und Techniken der Hypnoseeinleitung und Hypnoseausleitung.

Ablauf der Elmen Induktion

(1) Atmung, Entspannung und Augenschluss
(2) Faustschluss – Faustöffnung - Entspannung
(3) Augenlidfixation – Hypnosetest
(4) Entspannung des Körpers
(5) Fraktionierung – Vertiefung der Hypnose
(6) Utilisieren von Geräuschen
(7) Vertiefung der Hypnose
(8) Geistige Entspannung - Vertiefung der Hypnose – Rückwärtszählen - Hypnosetest – Zahlenamnesie
(9) Armkatalepsie und Ideomotorik – Hypnosetest
(10) Hypnoseanwendung /-therapie
(11) Einfügen posthypnotischer Suggestionen
(12) Ausleitung der Hypnose –Dehypnose

Elmen Induktion

(1) Nimm einen tiefen Atemzug ... halte die Luft kurz an ... und atme doppelt so lange wieder aus und schließe bitte deine Augen ... und erlaube dir nun ... inne zukehren ... mit jedem Ausatmen, tiefer inne kehren ... wunderbar!

(2) Könntest du bitte jetzt mit deiner rechten Hand eine feste Faust machen ... ganz fest ... sehr gut! ... und nun bitte ich dich sie wieder zu öffnen und deine Hand jetzt so sehr zu entspannen als könntest du sie für den Augenblick gar nicht mehr bewegen ... jawohl ... sehr gut!

(3) Und jetzt möchte ich, dass du dir einfach vorstellst ... diese Entspannung die du in deiner rechten Hand empfindest ... auf deine Augen und diese vielen kleinen Muskeln rund um deine Augen zu übertrage ... sehr gut! ... stell dir einfach mal vor ... wie sich nun deine vielen kleinen Muskeln rund um deine Augen und deine Augenlider völlig entspannen dürfen ... wie sie sich nun so tief entspannen und schwer werden ... dass sie sich jetzt vielleicht gar nicht mehr öffnen möchten ... stell dir einfach vor... dass deine Augen sich nun gar nicht mehr öffnen lassen ... und wenn du dir das wirklich vorstellen kannst, dass sich deine Augen nicht mehr öffnen lassen ... weil sie schon so tief entspannt und schwer sind ... dann kannst du jetzt auch testen ... ob sie sich wirklich nicht mehr öffnen lassen ... gut ... du kannst jetzt wieder aufhören zu testen um dich einfach noch viel tiefer zu entspannen und nach innen zu gleiten ...

(4) ... und lass nun das Gefühl der Entspannung das du in deinen Augen empfindest wie eine wohlig warme

Welle durch deinen gesamten Körper laufen ... vom Kopf über das Gesicht und Kiefer ... den Nacken runter zu deinen Schultern und Arme ... über den Brustkorb und Bauch ... entlang des Rückens ... bis in die Beine zu den Füssen ... jawohl ... und je tiefer du jetzt ganz automatisch nach innen gleitest ... umso wohler kannst du dich jetzt fühlen ... allmählich ruhiger werden und tiefer gehen ... und je tiefer du gehst umso wohler kannst du dich fühlen ... mit jedem Ausatmen tiefer ... und tiefer ... nichts denken ... nichts wollen ... nichts wünschen ... einfach nur tiefer und tiefer gehen ... ruhiger werden ... wunderbar ... du machst das sehr gut!

(5) Ich werde dich jetzt gleich bitten, deine Augen zu öffnen und sie dann wieder zu schließen ... wenn du sie dann schließt ... dann verdopple deine Entspannung und innere Ruhe und lass dich noch viel, viel tiefer tragen ... öffne nun bitte deine Augen *(Die flache Hand des Therapeuten ca. 15 cm vor die Augen des Klienten halten)* ... und schließe sie wieder ... *(mit der Hand nun eine Abwärtsbewegung machen)* ... wunderbar ... verdopple nun deine Entspannung und lass dich noch viel tiefer hinein gleiten ... genauso ... du machst das sehr gut ... nichts kann dich jetzt stören ... und nichts ist jetzt wichtig ... außer ... dass du dich entspannst und tiefer gehst ... ich werde dich gleich bitten, wieder deine Augen zu öffnen und dann wieder zu schließen ... wenn du deine Augen dann wieder schließt ... kann sich deine Entspannung und deine angenehme Gelassenheit noch viel weiter vertiefen ... öffne bitte deine Augen ... und schließe sie wieder ... lass dich zehnmal so tief in die Entspannung hinein gleiten ... völlig gelöst ... gelassen ... und frei ... ganz weich ... tiefer gleiten ... du machst das richtig gut ... ich werde dich nun wieder bitten deine Augen zu öffnen und sie dann wie-

der zu schließen ... wenn du sie dann wieder geschlossen hast ... erlaube dir einfach noch ein kleines Stückchen tiefer zu gehen um völlig entspannt und gelöst zu sein ... öffne deine Augen ... und schließe sie ... tiefer ... und tiefer ... genauso ...

(6) Du merkst, dass du alles hören kannst. Geräusche hier aus dem Raum und Geräusche von draußen. Aber von jetzt an sind diese Geräusche überhaupt nicht mehr wichtig, im Gegenteil, egal welches Geräusch, egal wie laut, mach es zu einem Signal für dich, mit dem du noch viel tiefer in diesen angenehmen Zustand der Entspannung sinkst. Egal welches Geräusch, egal wie laut. Einzig meiner Stimme erlaube, tief in dein Inneres zu dringen, solange meine Worte deinem eigenen Wunsch und Willen entsprechen.

(7) Ich werde nun deinen rechten Arm nehmen ... und ihn leicht anheben ... und du brauchst dabei gar nicht mit zu helfen ... alles geschieht wie von allein ... ich hebe nun deinen Arm ... *(Arm am Handgelenk sanft ein Stückchen anheben)* ... er ist ganz leicht und völlig entspannt ... und gleich werde ich deinen Arm noch ein kleines Stückchen anheben und dann loslassen ... er wird einfach herunter fallen ... und wenn er herunterfällt ... verdopple deine Entspannung ... und lass dich noch viel weiter und tiefer gleiten ... *(Arm nun einfach fallen lassen)* ...

(8) Sehr gut ... wir haben jetzt eine wunderbare körperliche Entspannung ... und weil du deinen Körper so gut entspannt hast ... ist es dir jetzt sicher auch ganz leicht möglich ... nun deinen Verstand zu entspannen ... dazu werde ich dich nun gleich bitten, von 100 an, laut und langsam rückwärts zu zählen ... und wenn du bis hierhin allen Anweisung gefolgt bist ... dann wird es für

dich ein Leichtes ... deinen Verstand so weit zu entspannen ... dass du selbst die Zahlen einfach gehen lassen kannst ... wenn du bei 97 angelangt bist ... oder auch schon früher ... dann werden die Zahlen einfach verschwinden ... irgendwo am Horizont verblassen ... sie sind dann für den Moment einfach nicht mehr da ... aber du kannst spüren ... wie gut es sich anfühlt so entspannt und gelöst zu sein ... so dass es gar nicht mehr wichtig ist wo die Zahlen sind ... sie sind einfach mal weg ... und mit jeder Zahl die du ausspricht verdoppelt sich augenblicklich auch deine geistige Entspannung ganz automatisch ... bitte beginne nun laut und langsam von 100 an rückwärts zu zählen ... (100) ... entspanne dich, sehr gut ... (99) ... entspanne dich noch viel mehr ... nichts kann dich stören ... nichts ist jetzt wichtig ... (98) ... außer, dass du dich jetzt entspannen und wohlfühlen kannst ... (97) ... lass die Zahlen gehen... wunderbar ...

(9) Ich werde nun deinen Arm anheben ... *(Arm senkrecht anheben. Am Unterarm, der Handfläche und den Fingern nun ganz leicht einige Punkte klopfen und dadurch eine Katalepsie erreichen)* ... und wenn dein Unterbewusstes nun bereit ist, dich in eine noch tiefere und wundervolle Trance zu tragen ... wird es deinen Arm ganz langsam senken ... und je mehr sich dein Arm dann senken wird ... umso tiefer wirst du von deinem Unterbewusstsein in diesen wundervollen Zustand getragen ... und je mehr sich dein Arm nun senkt ... umso tiefer wirst du von deinem Unterbewusstsein in diesen wundervollen Zustand getragen ... je tiefer er sich senkt ... umso weiter öffnet sich dein Unterbewusstes um dich gleich in eine tiefe Hypnose zu tragen die dort nur auf dich wartet ... du freust dich bereits darauf ... diesen tiefen Zustand zu genießen ... dieser wunderschöne Zustand der Hypnose ... während sich dein Arm

immer weiter und weiter senkt ... sowie deine Hand dann die Liege berührt ... ist dein Unterbewusstes bereit ... und du gleitest ganz automatisch in diesen wundervollen hypnotischen Zustand der dort nur auf dich wartet ...

(10) Hypnosetherapie oder Heilungsgebet

(11) ... Es geht mir mit jedem Tag in jeder Hinsicht immer besser und besser ... ja, es geht mir mit jedem Tag in jeder Hinsicht immer besser und besser ...

(12) Ich werde dich jetzt gleich wieder aufwecken und zurück in deinen normalen Zustand bringen. Ich werde von eins bis fünf zählen und bei der Nummer fünf, nicht vorher, wirst du deine Augen öffnen, dich recken und strecken und dich dabei unglaublich gut, erholt und wach fühlen. Alles ist in jeder Beziehung wieder normal für dich.

1 ... alle Entspannung verlässt nun langsam wieder deinen Körper
2 ... spüre, wie sich dein ganzer Körper mit Energie zu füllen beginnt
3 ... nimm einen tiefen Atemzug ... und spüre, wie sich jeder Muskel, jede Zelle und jede Faser deines Körpers mit Sauerstoff zu füllen beginnt
4 ... du kannst fühlen, wie Klarheit deinen Kopf und deinen gesamten Körper durchflutet. Dein Bauch und deine Brust sind frei ... deine Nase und deine Stirn sind frei ... deine Augen sind klar und strahlen ... und
5 ... Augen auf ... und hellwach ...

Heilungsgebet

Vater unser im Himmel ... ich bete nun für meinen Freund ... Ich weiß ... dass Heilung dein Wille für ihn ist ... Ich weiß ... dass du es bereits vollbracht hast ... denn durch deine Wunden ist er bereits geheilt worden ... Herr ... du hast die Heilungskraft bereits generiert und aktiviert ... Sie ist da! ... Vater ... wir bekennen durch und in Jesus Christus ... du bist unser Herr und Arzt ... Vater ... ich bete ... dass der Heilige Geist jetzt die Veränderungen in meinem Freund anregt ... die er braucht ... um zu empfangen ... was du bereits vollbracht hast ... Dein Wort sagt ... dass uns durch die Erkenntnis Jesu bereits alles geschenkt ist ... was zum Leben und zum Wandel gemäß deinem Willen dient ... Himmlischer Vater ... ich bete ... dass du meinen Freund nun mit dem Wissen erfüllst ... das er gerade benötigt ... um deine Heilungskraft freizusetzten und zu erfahren ... Im Namen Jesus Christus ... sprechen wir nun zu diesem Problem ... In seinem Namen befehlen wir, dass jede Art von Krankheit ... die in seinen Körper eingedrungen sind ... sich jetzt auflösen ... Vater ... wir lösen den Strom deiner Salbung in seinem Körper ... um allen Schmerz ... alle Bedrückung ... alle Krankheit ... und alle anderen Probleme zu beseitigen ... Wir gehen an die Wurzel des Problems ... und befehlen in Jesu Namen ... dass diese Dinge geheilt sind ... In Jesu Namen befehlen wir ... dass Furcht verschwindet ... Glaube kommt ... und Liebe fließt ... Vater ... wir machen uns eins mit dir ... dass wir geheilt worden sind ... und wenn wir geheilt worden sind ... dann sind wir nun geheilt ... Vater ... wir danken dir ... dass du unsere Heilung willst ... Wir empfangen sie in Jesu Namen ... Amen!

Vertiefungen der Hypnose

Anbei sind noch Vertiefungen die sich in der täglichen Praxis sehr bewährt haben.

Reise zu einem ganz besonderen Ort

Schließe deine Augen ... du befindest dich auf einem hohen Gebäude ... von dort siehst du einen wunderschönen, verschlungenen Weg in einen hellen Wald hinein ... du nimmst nun eine Wendeltreppe hinunter ... steigst immer tiefer und tiefer ... Stockwerk für Stockwerk ... tiefer und tiefer ... Stockwerk für Stockwerk ... immer tiefer und tiefer... bis du im Erdgeschoss angekommen bist ... verlass das Gebäude, bis du zu dem Weg kommst ... geh den Weg entlang ... nach einer Weile stößt du auf eine Parkbank ... setz dich dorthin ... atme tief durch ... lass alle restliche Anspannung entweichen ... nun geh weiter ... du siehst ein Haus ... die Tür ist offen ... geh hinein ... hier findest du zwei Objekte, das eine ist ein Tier und das andere ist ein ganz besonderer Gegenstand ... kannst du sie sehen ... was ist es *(hier ist es wichtig, dass die Vorstellungskraft des Klienten schon so aktiv ist, dass er ein Tier und einen besonderen Gegenstand wahrnehmen kann und wir dann, durch beschreiben lassen des Gegenstandes und des Tieres, beim Klienten alle Sinne weiter anzuregen)* ... am Ende des Raumes siehst du nun eine Tür ... geh hin und öffne sie ... die Schwelle ist die zu einem wundervollen Ort ... tritt ein ...

Die Schwelle kann dazu genützt werden, auch andere Räume zu öffnen! z.B. Reise zum inneren Heiler, Reise zur mittleren Welt der Schamanischen Reise, Ort der Kraft, Reise zum inneren Kind, Rückführungen, usw.

Vertiefung durch Rückwärtszählen

In wenigen Momenten werde ich von fünf bis null zählen ... und ich möchte, dass du dir die Null in Gedanken bildlich vorstellst ... dort hinten am Horizont ... so, dass du sie gerade noch sehen kannst.

Mit jeder Zahl, die ich sage, verdoppelst du diesen fantastischen Zustand und gehst immer tiefer und tiefer ... mit jeder Zahl, die ich sage, gleitest du näher an die Null heran ... bis sie irgendwann so riesig geworden ist, dass du genau durch sie hindurchgleiten kannst.

Und auf der anderen Seite der Null wartet ein wunderschöner Zustand der Hypnose auf dich, den du genießen und erfahren kannst ... ein unglaublich schöner hypnotischer Zustand ... der nur auf dich wartet.

5 ... du gleitest näher auf die Null zu, während du immer tiefer und tiefer gehst ...
4 ... du freust dich bereits, durch die Null gleiten zu können und diesen tiefen Zustand zu genießen ...
3 ... du gleitest näher und näher ... näher und näher ... und nur der Klang meiner Stimme begleitet dich ... während jedes meiner Worte dich nur noch tiefer gehen lässt ...
2 ... du spürst bereits, was dich auf der anderen Seite der Null erwartet ... dieser wunderschöne Zustand der Hypnose ... während du immer näher und näher gleitest ...
1 ... näher und näher ... und ...
0 ... du gleitest durch die Null und genießt dieses Gefühl angenehmer und tiefer Hypnose ... lass es sich wie eine warme Welle in deinen gesamten Körper ausbreiten ... tief ... tiefer Schlaf!

Suggestionsloop

Zum Vertiefen eignet sich sehr gut ein sogenannter Suggestionsloop. Eine Suggestion bedingt die nächste Suggestion welche dann wieder die erstere bedingt welche wieder die nächste bedingt usw.

z.B.
    1. tiefer gehen
    2. sich wohl fühlen
    3. ruhiger werden

... Und während du immer tiefer und tiefer gehst ... fühlst du dich immer wohler und wohler ... und je wohler du dich fühlst ... umso tiefer kannst du jetzt gehen ... und je tiefer du hinein gehst ... umso ruhiger wirst du ... und je ruhiger du wirst ... umso wohler kannst du dich fühlen ... während du immer tiefer und tiefer hineingleitest ... mit jedem Atemzug ... ein Stück tiefer gehen ... sehr gut machst du das! ...

Lob aussprechen!

Wenn wir, während der Hypnoseeinleitung, dem Klienten immer wieder ein Lob aussprechen (... wunderbar ... das machst du sehr gut ... genauso ... usw.) nimmt ihm das sehr viel Erwartungsdruck weg und er hat zudem das Gefühl, alles richtig zu machen. Dies verbessert zunehmend den Rapport und die Trancevertiefungen.

Einfache Hypnose mit Modalitäten (Sinne)

Schritt 1: 3 x sehen, hören und spüren.
Schritt 2: 2 x sehen, hören und spüren.
Schritt 3: 1 x sehen, hören und spüren.

Der Klient wird angeleitet die Augen zu schließen und mit geschlossenen Augen erst drei Dinge die er sieht, dann drei Dinge die er hört und anschließend drei Dinge die er spürt zu benennen. Dann reduziert sich alles auf zwei Dinge und zu Letzt ist es nur noch ein Ding auf das der Klient sich fokussiert.

Es empfiehlt sich, dass der Therapeut die Dinge die der Klient aussprich wiederholt, dadurch das Tempo anpasst und zwischendurch entsprechende Suggestionen einstreut.

z.B. ... mit jedem Ein- und Ausatmen kannst du nun allmählich ruhiger werden ... mit jedem Heben und Senken des Brustkorbs kannst du dir erlauben tiefer zu gehen ... usw.

Schließe bitte deine Augen ... und während deine Augen weiterhin geschlossen bleiben ... könntest du mir bitte jetzt drei Dinge nennen die du sehen kannst ... *(der Klient soll nun drei Dinge die er mit geschlossenen Augen sieht benennen)*

... könntest du mir bitte jetzt drei Dinge nennen die du hören kannst ... *(der Klient soll nun drei Dinge die er hört nennen)*

... und könntest du mir bitte jetzt drei Dinge nennen die du spürst ... *(der Klient soll nun drei Dinge nennen die er spürt)*

... könntest du mir bitte jetzt zwei Dinge nennen die du sehen kannst ... *(der Klient soll nun zwei Dinge die er mit geschlossenen Augen sieht benennen)*

... könntest du mir bitte jetzt zwei Dinge nennen die du hören kannst ... *(der Klient soll nun zwei Dinge die er hört sagen)*

... könntest du mir bitte jetzt zwei Dinge nennen die du spüren kannst ... *(der Klient soll nun zwei Dinge die er spürt nennen)*

... und könntest du mir bitte jetzt am Ende nur noch eine Sache sagen die du gerne siehst ... *(der Klient soll nun die eine Sache sagen die er gerne sieht)*

... und könntest du mir bitte jetzt noch eine Sache sagen die du gerne hörst ... *(der Klient soll nun die eine Sache sagen die er gerne hört)*

... und könntest du mir bitte eine Sache sagen die du wirklich gerne spürst ... *(der Klient soll nun die eine Sache sagen die er gerne spürt)*

(Zwischen den Aufgaben immer wieder positive Suggestionen einstreuen!)

Wunderbar ... und nun gehe mit jedem Atemzug noch tiefer und tiefer in Trance ...

Klassische Fixation mit direkten, suggestiven Anweisungen

Nur auf das Pendel schauen, nur auf meine Stimme hören, alles andere ist völlig gleichgültig ... nur auf das Pendel schauen, nur meine Stimme hören.

Die Gedanken kommen und gehen ... nichts denken, nichts wünschen, nichts wollen ... ganz treiben treiben lassen.

Und es ist völlig gleichgültig ob dein bewusster Verstand die folgenden Worte versteht oder nicht ... dein Inneres wird automatisch alles aufnehmen und genau das Richtige tun ... um dich hier und jetzt in eine tiefe Trance fallen zu lassen.

Dein Herz schlägt von Minute zu Minute ruhiger und regelmäßiger. Die Atmung ist ... tief .... und ruhig ... tief ... und ruhig.

Deine Arme sind schwer, ganz schwer ... bleischwer. Der Körper ist schwer, ganz schwer ... bleischwer. Die Beine sind schwer, ganz schwer ... bleischwer. Du fühlst dich mit jedem Atemzug wohler ... angenehm ruhig ... schwer und warm ... ruhig ... schwer und warm. Dein Körper versinkt in die Unterlage ... du spürst deutlich, wie dein schwerer Körper mehr und mehr auf die Unterlage drückt. Und dein Kopf ist schwer ... ganz schwer ... bleischwer ... und drückt deutlich auf die Unterlage.

Die Augen sind müde ... ganz müde ... immer müder. Die Augenlider sind schwer ... ganz schwer ... bleischwer. Die Augen wollen sich schließen. Erlaube deinen Augen sich zu schließen ... jetzt. Schließe deine Augen!

Nun folgt die Phase der Vertiefung.

5-3-1-Einleitung

Diese Einleitung enthält in jedem Textblock fünf einzelne Aussagen. Zunächst sind vier vom Klienten überprüfbare Aussagen zu hören, die innerlich bejaht werden. Die fünfte Aussage ist eine Trancesuggestion, die aufgrund des viermaligen Zustimmens tendenziell angenommen wird. Im zweiten Block sind es dann drei überprüfbare Aussagen und zwei Trancesuggestionen. Im dritten Block sind es dann zwei überprüfbare Aussagen und drei Suggestionen. Im vierten Block ist es dann noch eine überprüfbare Aussage und schon vier weiterführende Suggestionen.

5-3-1-Einleitung

(1) Während du die Liege unter deinem Körper fühlen kannst und spürst, wie weich der Untergrund sich anfühlt, kannst du gleichzeitig das Licht hier im Raum durch die geschlossenen Augen noch leicht wahrnehmen, und du kannst die Musik hören, die im Hintergrund läuft und dabei sinkst du in eine sehr schöne und angenehme, tiefe Gelöstheit hinein ...

(2) ... unter deinem Kopf spürst du das Kopfkissen, und wenn du darauf achtest, kannst du wahrnehmen, wie dein Atem ein- und ausströmt. Dabei hebt und senkt sich dein Brustkorb, und du hörst meine Stimme laut und deutlich, wobei du immer weiter entspannst und ganz tief hinein sinkst ...

(3) ... wenn du dich auf die Haut deines Gesichtes konzentrierst, kannst du ein Gefühl für die Temperatur hier im Raum entwickeln, und unter deinen Händen fühlst du die weiche Wolldecke, während du ganz tief entspannst und immer tiefer und tiefer sinkst und dich dabei immer wohler fühlst ...

(4) ... du kannst deinen Atem spüren und ihn gleichzeitig hören, und während das geschieht, sinkst du noch viel tiefer und fühlst dich zunehmen wohler und wohler, wobei du alles loslässt und dir einfach vertraust um in eine tiefe und schöne Trance zu gleiten ...

(5) ... dein Unterbewusstsein kennt den Weg in eine tiefe Trance. In deinem Tempo gleitest du hinab, dabei entspannt sich dein ganzer Körper immer mehr, und alles fällt von dir ab, und du gelangst immer tiefer und tiefer ... tiefer und tiefer.

Die Ausleitung der Hypnose

Jede Hypnosesitzung beginnt mit einer Einleitung und endet mit einer Ausleitung. Dies ist selbstverständlich ein wichtiger und wesentlicher Bestandteil einer erfolgreichen Hypnosebehandlung. Unter einer Hypnoseausleitung versteht man die Beendigung einer Hypnose und das Rückholen des Klienten in den normalen Wachzustand. Es gibt eine Vielzahl verschiedener Hypnose-Ausleitungen, die man nutzen kann, um einen sich in Trance befindlichen Klienten wieder in den normalen Wachzustand zurückzuholen. Man sollte hier grundsätzlich darauf achten, dass je tiefer ein Klient in Trance war, desto länger sollte er für eine Ausleitung bekommen um alle Vitalwerte wieder völlig im Wachbewusstsein normalisiert zu haben.

z.B. ... Ich werde dich jetzt gleich wieder aufwecken und zurück in deinen normalen Zustand bringen. Ich werde von eins bis fünf zählen und bei der Nummer fünf, nicht vorher, wirst du deine Augen öffnen, dich recken und strecken und dich dabei unglaublich gut, erholt und wach fühlen. Alles ist in jeder Beziehung wieder normal für dich.

1 ... alle Entspannung verlässt nun langsam wieder deinen Körper, so wie es optimal für dich ist
2 ... spüre, wie sich dein ganzer Körper mit Energie zu füllen beginnt und es dir dabei so richtig gut geht
3 ... nimm einen tiefen Atemzug ... und spüre, wie sich jeder Muskel, jede Zelle und jede Faser deines Körpers mit Sauerstoff zu füllen beginnt
4 ... du kannst fühlen, wie Klarheit deinen Kopf und deinen gesamten Körper durchflutet. Dein Bauch und deine Brust sind frei ... deine Nase und deine Stirn sind frei ... deine Augen sind klar und strahlen ... und
5 ... Augen auf ... und hellwach ...

Ausleitung mit posthypnotischer Suggestion

z.B. ... Es ist nun Zeit, langsam wieder hierher zurückzukehren. Ich werde nun bis drei zählen und wenn es für dich so weit ist, dann öffne bei drei bitte wieder deine Augen. Alles ist in jeder Beziehung wieder normal für dich. Du wirst dann wieder vollkommen wach sein und dein Selbstvertrauen wird dich den ganzen Tag und auch die nächsten Tage begleiten. Du wirst fühlen, wie viel angenehme Zuversicht, Ruhe, Ausgeglichenheit und Kraft dir diese Reise geschenkt hat. Und du wirst wahrnehmen, dass es dir mit jedem Tag in jeder Hinsicht immer besser und besser geht ... mit jedem Tag in jeder Hinsicht ... immer besser ... und besser!

1 ... Fühle nun, wie du wieder voll und ganz in deinen Körper hier in diesen Raum zurückkehrst.
2 ... Du wirst nun immer wacher und wacher und bist gleich wieder vollkommen fit und erholt.
3 ... Öffne jetzt deine Augen ... wach auf!

Entspannte Ausleitung

... Um dann ... in seiner eigenen Geschwingigkeit ... wieder allmählich zurück zu kehren ... ins Hier und Jetzt ... wach werden! ...

Ausleitung mit Rücknahme der Suggestionen

Mit jeder Zahl, die ich jetzt sage, kommst du langsam wieder zurück in dein alltägliches Bewusstsein ... bei der Zahl fünf bist du hellwach im Hier und Jetzt und fühlst dich vollkommen frisch und ausgeruht ... Eins ... dein Körper sammelt wieder Energie in seiner Mitte ... Zwei ... er lässt die ganze Energie durch den Körper fließen ... Drei ... Puls und Blutdruck normalisieren sich ... jede Suggestion, die ich dir gegeben habe um in Hypnose zu gelangen ... ist nun wieder von dir genommen ... Vier ... du atmest frische Luft ein, die deinen ganzen Körper erfüllt und alles klärt ... Fünf ... du machst die Augen auf ... und fühlst dich vollkommen wohl ... frisch und ausgeruht ...

"Der Geist braucht die Seele,
seine Wirkung
auf die Materie zu fühlen."

Problemorientierte und lösungsorientierte Bekenntnisse

Bevor Lösungen gefunden werden können, muss man verstehen, was eigentlich das Problem ist. Das kann zunächst einmal die Hoffnung auf eine schnelle Lösung behindern. Wenn die eigentlichen Ursachen nicht erkannt und verstanden werden, können keine gezielten, nachhaltigen Veränderungen entstehen. Doch während es bei einfachen, meist linearen Ursache-Wirkungs-Beziehungen sehr leicht fallen wird, den Ursprung einer problematischen Entwicklung zu identifizieren, gelingt das bei komplexeren, nicht-linearen Beziehungen der untersuchten Faktoren nicht so einfach. Befürworter lösungsorientierter Verfahren befürchten nun eine zu starke Fixierung auf das Problem. Sie betonen die hemmende Wirkung, die eine zu sehr auf problematische Entwicklungen fokussierte Betrachtungsweise haben könne. Das behindere die Fähigkeit, konstruktive Veränderungen zu erzielen. Stattdessen sei es empfehlenswert, den Blick auf die Wahl geeigneter Lösungsstrategien zu richten.

Unsere Gesellschaft ist oft auf die Probleme fixiert, nicht auf die Lösung. Die Vergangenheit wird akribisch nach allen möglichen Ursachen durchforstet, Verantwortliche werden ausgemacht und gleichzeitig beteuert, dass man selbst keinen Fehler gemacht hat. Niemand möchte Schuld an Schwierigkeiten sein. Bleiben wir auf ein Problem fixiert wurde das Problem am Ende aber noch immer nicht gelöst.

Nun lösungsorientiert zu handeln bedeutet sich einen Ruck zu geben. Statt sich weiter in eine lange Verkettung von Schuldzuweisungen und Verantwortlichkeiten zu begeben, um am Ende zu wissen, wer der Schuldige für Schwierigkeiten ist, mache es besser und konzentriere dich auf die Lösung.

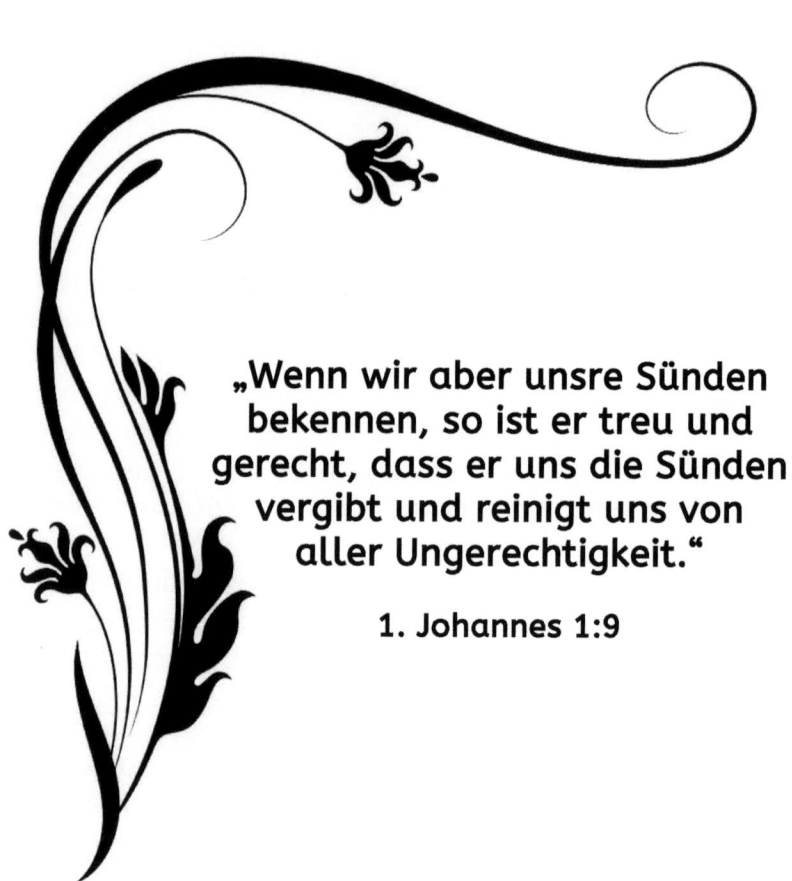

„Wenn wir aber unsre Sünden bekennen, so ist er treu und gerecht, dass er uns die Sünden vergibt und reinigt uns von aller Ungerechtigkeit."

1. Johannes 1:9

Ich bekenne, Gott dem Allmächtigen, und allen Brüdern und Schwestern, dass ich Gutes unterlassen und Böses getan habe, ich habe gesündigt in Gedanken, Worten und Werken. Der allmächtige Gott erbarme sich und erlasse uns die Sünden und führe uns zum ewigen Leben. Der Herr hat zu seinen Aposteln gesagt: „Frieden hinterlasse ich euch, meinen Frieden gebe ich euch." Darum bitte ich: „Herr Jesus Christus, schau nicht auf meine Sünden, sondern auf meinen Glauben."

Alle Sünden, jede, hat Gott und Jesus vor rund 2.000 Jahren gesehen. Jede böse Tat und Schuld, jede Gemeinheit, jede Perversion, alles. Und es war schrecklich. So schrecklich, dass Gott noch nicht mal mehr auf seinen eigenen Sohn schauen konnte (Markus 15:33 er legte eine dreistündige Finsternis über die Szene), weil Jesus all unsere Sünden auf sich genommen hat. Jesus hat den Preis für unsere Sünden, für all unsere Sünden umfassend und für immer bezahlt.

„Jetzt aber hat er euch durch den Tod seines sterblichen Leibes versöhnt, um euch heilig, untadelig und schuldlos vor sich treten zu lassen, sofern ihr im Glauben gegründet und fest bleibt und euch nicht abbringen lasst von der Hoffnung des Evangeliums."
Kolosser Kapitel 1, Vers 22-23

„Und ich werde ihr Unrecht vergeben und nie wieder an ihre Sünden denken" sagt Gott über alle die an Jesus glauben.
Hebräer 8:12

"Denn aus Gnade seid ihr durch den Glauben gerettet, nicht aus eigener Kraft, Gott hat es geschenkt, nicht aufgrund eurer Werke, damit keiner sich rühmen kann."
Epheser Kapitel 2, Vers 8-9

Wir bitten Gott, dass sein Geist uns mit Weisheit und Einsicht erfüllt und wir auf diese Weise seinen Willen immer besser erkennen.

Dann nämlich können wir so leben, dass der Herr dadurch geehrt wird und er sich in jeder Hinsicht über uns freut. Unser Leben wird für Gott Frucht bringen, indem wir in vielerlei Weise Gutes tun. Wir werden ihn immer besser kennen lernen und das ganze Ausmaß seiner herrlichen Kraft und Stärke erfahren, damit wir geduldig und ausdauernd unseren Weg gehen können.

Wir haben wirklich allen Grund, Gott, dem Vater, voll Freude dafür zu danken. Denn er hat uns zu seinen rechtmäßigen Erben gemacht. Zusammen mit allen, die zu ihm gehören, dürfen wir einmal bei ihm sein, in seinem Reich des Lichts.

Er hat uns aus der Gewalt der Finsternis befreit, und nun leben wir unter der Herrschaft seines geliebten Sohnes Jesus Christus. Durch ihn sind wir erlöst, unsere Sünden sind vergeben.

Kolosser 9-14

 Seht, das Lamm Gottes, das die Sünde der Welt hinweg nimmt.

Johannes 1:29

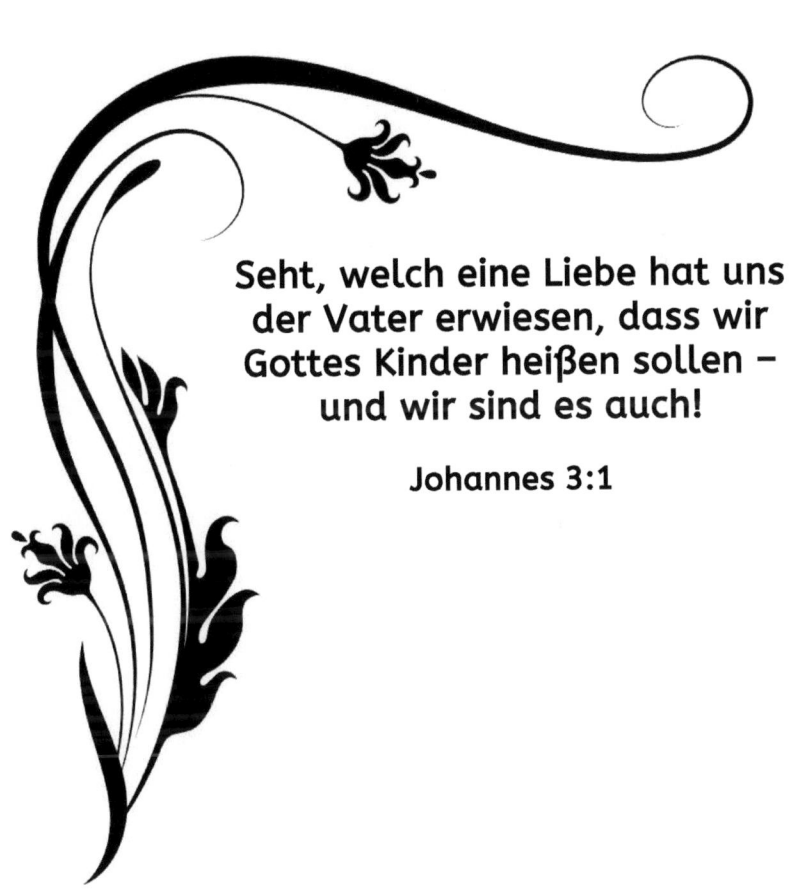

Seht, welch eine Liebe hat uns der Vater erwiesen, dass wir Gottes Kinder heißen sollen – und wir sind es auch!

Johannes 3:1

Das Ich

Das Ich ist wie eine vertraute Melodie, die uns ein Leben lang begleitet. Zwar ändert sich manchmal der Klang, wandeln sich Empfindungen und Gedanken, Fähigkeiten und Erkenntnisse. Doch so groß diese Variationen auch sind, der Grundton bleibt gemeinhin unverändert, der Kern des Selbst geht nicht verloren.

Die Erkundung des Ichs

Die Erkundung des Ichs ist immer auch eine Reise in die Abgründe der Seele. Denn der größte Teil dessen, was unsere Persönlichkeit, unser Selbst, unsere Vergangenheit ausmacht, ist verborgen unter der Oberfläche des bewussten Wahrnehmens. Alles hinterlässt Spuren im Unbewussten und fügt sich zusammen zu dem, was uns ausmacht und zu einem unverwechselbaren Individuum mit einer eigenen Geschichte werden lässt. Das Unbewusste bestimmt unseren gesamten Werdegang.

Die verborgene Macht in uns

Ohne dass wir es merken, bestimmt ein verborgener Teil in uns darüber, wen wir sympathisch finden, wer uns attraktiv erscheint, was uns Unbehagen bereitet, Angst macht. Wie aus dem Nichts können Emotionen aus dem Unbewussten aufsteigen und uns packen. Zuneigungsgefühle wie die Liebe machen uns taumeln vor Glück, Wohlbefingensgefühle wie die Freude lassen uns das Leben genießen, Abneigungsgefühle wie die Wut machen uns rasend und Unbehagensgefühle wie die Trauer lassen uns in Trostlosigkeit versinken. Mehr noch, diese rätselhafte Kraft, das Unbewusste, bewahrt all unsere Erinnerungen, speichert gleichsam die Geschichte unseres Lebens und stellt die großen Weichen auf unserem Werdegang.

Bewusstsein und Unterbewusstsein

Unser Verstand besteht aus zwei Teilen, dem Bewusstsein und dem Unterbewusstsein.

Das Bewusstsein ist derjenige Teil, welcher aufmerksam ist, wenn wir im Wachzustand sind. Es ist der analytische Teil mit seinem Kritikvermögen. Er analysiert das, was wir gerade erleben und vergleicht es mit unseren Erfahrungen aus der Vergangenheit. So können wir diesen Erfahrungen gemäß reagieren. Es ist der Teil unseres Verstandes, in welchem auch der Wille sitzt. Dieser Teil hilft uns, damit wir bewusst durch unser Leben gehen können. Wenn wir schlafen, schaltet sich dieser Teil in uns aus. Wir nehmen uns und die Umwelt dann nicht mehr wahr.

Das Unterbewusstsein dagegen ist der viel mächtigere Teil, auch wenn wir heute leider noch nicht alles darüber wissen. Erstmal ist es der Teil von uns, welcher sich mit der Arbeit all unserer Organe beschäftigt, in unserem Wachzustand wie auch wenn wir schlafen. Deshalb müssen wir uns nicht bewusst um unseren Herzschlag oder die Atmung kümmern. Außerdem spielen sich unsere Träume im Unterbewusstsein ab. Wir träumen jede Nacht mehrere Träume, auch wenn wir uns am Morgen nicht daran erinnern. Oft bleiben sie einfach dort wo sie sich abspielen, eben im Unterbewusstsein. Die Träume, welche wir erinnern, die sind einfach vom Unterbewusstsein ins Bewusstsein rüber gehüpft. Sicher kennen Sie das auch, oft, wenn Sie aus einem Traum erwachen, erinnern sie ihn gerade noch. Er hat aber ebenso oft die Tendenz, schnell wieder in Vergessenheit zu geraten. Das großartigste aber ist folgendes, in unserem Unterbewusstsein haben wir die Erinnerung an alle Erlebnisse gespeichert, die wir je erlebt haben, seit Anbeginn der Existenz unseres Wesens. Hier finden wir die Daten der Erlebnisse, welche wir erinnern, aber auch all jener, die wir vergessen oder verdrängt haben, oder an die wir uns nicht erinnern können, weil sie zu lange zurückliegen. Hier finden wir auch alle Emotionen aus vergangenen Erlebnissen.

Das Labyrinth

Das Labyrinth ist ein Jahrtausende altes Symbol, das in vielen Kulturen verbreitet ist. Es hat einen Eingang und eine Mitte. Nur ein einziger, verschlungener Weg führt zur Mitte, die er mehrmals umkreist, ehe er sie erreicht. Das Leben ist beständiges Gehen im Labyrinth. Ankommen und Aufbrechen, zur Mitte finden und sie wieder verlassen, sich wenden müssen und immer weiterkommen dabei. Wer die Mitte findet sieht die Einheit.

Werdet wie die Kinder

Jesus nahm die Kinder sehr ernst, zu einer Zeit, als den meisten von ihnen wenig Aufmerksamkeit zuteilwurde. Jesus fügte noch an: „Wenn ihr nicht umkehrt und werdet wie die Kinder, so werdet ihr nicht ins Himmelreich kommen."

Matthäus 18:3

Du hast deine Kindheit vergessen, aus den Tiefen deiner Seele wirbt sie um dich. Sie wird dich so lange leiden machen, bis du sie erhörst.

Hermann Hesse

Alle Menschen tragen ein inneres Kind in sich, egal wie alt sie sind. Manche Menschen haben noch Kontakt zu ihrem Inneren Kind, andere haben ihn aufgrund seelischer Verletzungen und schmerzhafter Erfahrungen in der Vergangenheit abgebrochen. Je mehr wir unser Inneres Kind abgespalten und aus unserem Bewusstsein verbannt haben, desto mehr leiden wir darunter.

Das Innere Kind steht symbolisch für alle im Gehirn gespeicherten Gefühle, Erinnerungen und Erfahrungen aus der Kindheit, wovon die meisten unbewusst sind. Das Innere Kind ist eine Metapher dafür, dass jede Psyche stark von der eigenen Kindheit geprägt ist. Es repräsentiert die frühen inneren seelischen Wirklichkeiten, die das Erwachsenendasein stark beeinflussen.

Um wieder ganz zu werden, ein befreites Leben zu führen und Liebe empfangen sowie geben zu können, ist der Kontakt zu deinem inneren Kind unverzichtbar. Wenn dein innerer Erwachsener lernt, sich gut um das verletzte Kind in dir zu kümmern, können alte Wunden heilen.

Kindheitstraum(a)

Unsere kindliche Entwicklung, hin zu dem Erleben eine unverwechselbare Persönlichkeit zu sein, ist wohl der prägendste Prozess unseres Lebens. Wenn das Kind in einem liebevollen und unterstützenden Umfeld aufwächst, baut sich eine feste und emotional verbindliche Beziehung auf. Vertrauen in die eigenen Fähigkeiten und in die äußere Welt schaffen Motivation für neugierige Abenteuer, die das Kind reifen lassen. Auch wenn die Umstände manchmal enttäuschend und schmerzhaft sind, ist es für die kindliche Seele möglich, Grundvertrauen zu erfahren. Die frühkindliche Entwicklung kann aber auch eine bis ins Gegenteil führende Richtung annehmen oder zum Entwicklungsstillstand führen. Wenn ein heranwachsendes Kind z.B. durch wiederholte emotionale oder sexuelle Gewalt destabilisiert worden ist, bricht für dieses Kind eine Welt zusammen. Wenn aus solch stressbelasteten Erlebnissen keinerlei Flucht möglich sein sollte, entsteht für das Kind eine traumatische Belastung. Wird diese Belastung nicht aufgefangen und entsprechend therapiert, wirkt sie auf den Körper und seine Funktionen, Gefühlswelt und Glaubenssystem. Die Welt wird als unkontrollierbar und gefährlich erlebt, ohne Sicherheit und Schutz. Dann gibt es keinen liebevollen inneren Ort, an dem es sich einrichten lässt. Es herrscht Not, Schmerz, Panik, Selbstzweifel und negative Erwartung. Es mag andere innere Anteile geben, die ganz lebenstauglich handeln können, aber es ist nie wirklich sicher, ob diese Anteile nicht doch in den emotionalen Schrecken und in diese verkapselte und eingefrorene Zeit des Traumas zurückfallen. Von dort ist kein Reifen, Wachsen, keine Entwicklung möglich. Extreme Angst herrscht hier. Um ein Überlebender zu sein muss ständig etwas getan werden, um nicht fühlen zu müssen. Süchte regieren hier, Isolation und der Zwang zur Wiederholung. Hier wird geglaubt, man ist selbst gefährlich für die Welt und nicht zumutbar. Sind in der Kindheit traumatische Erlebnisse geschehen, können diese so schmerzvoll gewesen sein, dass wir sie mit unserer damaligen nützlichen Überlebensstrategie in den tiefsten Seelenkeller verbannt und verdrängt haben. Oft kommen diese verdrängten und verbannten Ereignisse in uns aber nicht zur Ruhe und finden keinen wirklichen Frieden in uns. Diese abgespaltenen Anteile in uns fordern unsere Aufmerksamkeit und bedürfen der Aufklärung. In jedem von uns steckt ein inneres Kind, das zu irgend einer Zeit seines Daseins negative Erfahrungen gemacht hat. Das fängt an mit der Zeugung über die Schwangerschaft, die Geburt und die verschiedenen Entwicklungsphasen, die wir durchlaufen bis wir einigermaßen erwachsen geworden sind. Jedes traumatische Ereignis während dieser Zeit hinterlässt mehr oder weniger seine Spuren und prägt das weitere Leben. Es ist nie zu spät, den Weg raus aus dem Trauma zu finden. Die Arbeit mit dem inneren Kind hat zum Ziel, diese Gefühlanteile wahrzunehmen, anzunehmen, zu integrieren und die schmerzhaften Gefühle zu transformieren.

Zerbrochen ist wertvoll in Gottes Augen

Wenn etwas zerbrochen ist, verliert es im Allgemeinen entweder ganz oder teilweise seinen Wert. Zerbrochenes Geschirr, zerbrochene Flaschen und zerbrochene Spiegel werden meist weggeworfen. Schon ein Kratzer an einem Möbelstück oder ein Riss im Stoff mindern dessen Verkaufswert ganz erheblich. Im geistlichen Bereich verhält es sich ganz anders. Zerbrochenes hat in Gottes Augen einen besonderen Wert, insbesondere zerbrochene Menschen.

Nahe ist der Herr denen, die zerbrochenen Herzens sind, und die zerschlagenen Geistes sind, rettet er.

Psalm 34,19

Die Reise zum inneren Kind

Stell dir mal bitte vor ... du stehst jetzt gerade auf einem hohen Hügel ... ganz oben am höchsten Punkt ... und von dort oben ... kannst du ganz weit über eine wundervolle Landschaft blicken ... unten im Tal ... siehst du einen wunderschönen, lichtfunkelnden See ... nimm jetzt einen Weg ... der dich da nach unten führt ... und du steigst jetzt von diesem Hügel ab ... gehst immer tiefer und tiefer hinunter in das Tal ... immer tiefer und tiefer ... ganz hinunter in das Tal .... bis du an der Talsohle angekommen bist und zum Weg kommst der dich direkt zu diesem See führt ... wunderbar ... am Ufer des Sees angekommen ... siehst du, dass hier ein Ruderboot für dich bereit steht ... du steigst jetzt in das Boot ... und ruderst hinaus auf diesem wunderschönen, kristallklaren See ... und da vorne kannst du nun eine Grotte erkennen ... du steuerst direkt zum Eingang dieser Grotte ... und fährst nun einfach in die Grotte hinein ... wunderbar ... da vorne kannst du jetzt das Boot anlegen und aussteigen ... du schaust dir diese Grotte von innen an ... und hier in dieser Grotte ... da findest du zwei Objekte ... das eine ist ein ganz besonderer Gegenstand ... und das andere ist ein Tier ... kannst du es schon erkennen ... was ist es denn ? *(Der Klient soll nun mit allen Sinnesmodalitäten den besonderen Gegenstand und das Tier beschreiben, damit seine Vorstellungskraft noch weiter aktiviert wird)* Wunderbar ... wenn du jetzt nach vorne blickst ... bemerkst du einen großen Stein auf dem eine Schriftrolle liegt ... gehe hin und öffne sie ... und ich frage mich ... ob du erkennen kannst was da geschrieben steht? ... *(Nun bitte dem Klienten vorlesen was du auf der Schriftrolle lesen kannst)*

Wahrlich ich sage euch: Wer nicht das Reich Gottes annimmt wie ein Kind, der wird nicht hineinkommen.

Lukas 18:17

Amen, ich sage euch: „Wenn ihr nicht umkehrt und werdet wie die Kinder, werdet ihr nicht in das Himmelreich hineinkommen. Wer sich so klein macht wie dieses Kind, der ist im Himmelreich der Größte. Und wer ein solches Kind in meinem Namen aufnimmt, der nimmt mich auf."
Matthäus 18:3

Aber Jesus sprach: Lasset die Kindlein zu mir kommen und wehret ihnen nicht, denn solcher ist das Reich Gottes.
Matthäus 19:14

... da hinten am Ende der Grotte ... da siehst du einen hellen Ausgang ... gehe bitte dorthin ... der Ausgang führt dich jetzt an einen ganz besonderen, friedlichen und lichtvollen Ort ... gehe hinaus ... du siehst den hellen, wundervollen Ort vor dir ... und gehst nun immer näher auf ihn zu ... bis du ganz in diesem Licht angekommen bist ... und hier wartet dein inneres Kind auf dich ... und es hat eine ganz besondere Botschaft für dich ... während es dich wieder mit dem Himmel in dir verbindet ...

Jesus sagt: „Das Reich Gottes kann man nicht sehen, wie man ein irdisches Reich sieht. Niemand wird euch sagen können, hier ist es oder dort ist es. Das Reich Gottes ist inwendig in euch.
Lukas 17:20-21

Darum:
Kommt her! Euch hat mein Vater gesegnet. Nehmt das Reich Gottes in Besitz, das er seit Erschaffung der Welt für euch als Erbe bereithält!
Matthäus 25:34

Seht, welch eine Liebe hat uns der Vater erwiesen, dass wir Gottes Kinder heißen sollen – und wir sind es auch!
Johannes 3:1

Suche den Funken,
der das Feuer deiner Heilkraft
in dir entzündet.

Paracelsus

Selbstheilungskraft

Von Natur aus heilt der Mensch von allein, soweit dies durch keine Blockaden verhindert wird.

Für die Unterstützung der Genesung stehen ihm natürliche Arzneien zur Verfügung. Aber auch seelische, geistige, kosmische und göttliche Heilkräfte, die mit allen Körperzellen in Verbindung stehen sind an den Selbstheilungsmechanismen beteiligt und können angeregt und aktiviert werden.

Als Selbstheilungskraft, auch Heilkraft der Natur genannt, bezeichnet man die Fähigkeit des Körpers, sowohl äußere als auch innere Verletzungen bzw. Krankheiten zu heilen. Die Nutzung und Intensivierung der Selbstheilungskräfte, auf die letztlich jede Therapie aufbaut, stellt einen wichtigen Aspekt jeder therapeutischen Behandlung dar.

Der innere Alchemist – Archeus

Der Alchemist unter den Menschen, der so viel vermag wie der im Menschen, dem mangelt es nicht an Kunst. Denn an dem Alchemisten der Natur mag sich jeder Alchemist ein Beispiel nehmen.

Paracelsus

Der innere Alchemist, der Archeus (Herrscher) heißt, ist nach Paracelsus die lebendige, schöpferische, bildende Naturkraft, welche unbewusst in den Dingen als sogenannter „fabricator" wirkt.

Jede Krankheit, jede Schwäche ist ein Ruf an dich, zu dir selbst zu kommen, innezuhalten und des inneren Halts zu gedenken, deines Inneren Helfers, der dir nach dem Maße deines Vertrauens entweder die Gesundheit wiedergibt oder andere Kräfte und Fähigkeiten in dir wachruft, so dass du aufs Neue deinen Platz im Leben auszufüllen vermagst. Der Glaube daran, dass wir mit unserem Tun etwas bewirken können, lässt uns ins Handeln kommen. Der erste Schritt ist immer der schwerste. Manchmal mag es auch hilfreich sein, wenn wir den ersten Schritt im Glauben an andere tun. Ob wir eine oder tausend Meilen zu gehen haben, der erste Schritt bleibt immer der erste, denn der zweite kann nicht getan werden, bevor nicht der erste getan ist.

Der eingeborene, innere Arzt

Der Mensch ist bereits im Mutterleib, oder kaum geboren, mit allen Krankheitsmöglichkeiten beladen und ihnen unterworfen. Und weil alle Krankheiten seiner Natur schon innewohnen, könnte er nicht lebendigen und gesunden Leibes geboren werden, wenn nicht ein inwendiger Arzt in ihm verborgen wäre. Aber wo es Krankheiten gibt, dort sind auch Ärzte und Arznei! Eine jegliche Krankheit, die von Natur angeboren ist, trägt ihre eigene Arznei in sich. Der Mensch hat von Natur den Zerstörer der Gesundheit und den Bewahrer der Gesundheit mitgebracht. Und wie der Zerstörer fort und fort nur zu zerstören und den Menschen umzubringen trachtet, ebenso stark und emsig wirkt auch der Bewahrer: was der eine zugrunde richtet und zerbrechen will, das richtet der eingeborene Arzt wieder auf.

Paracelsus

Wirst du der Stimme des Herrn, deines Gottes, gehorchen und tun, was recht ist vor ihm, und zu Ohren fassen seine Gebote und halten alle seine Gesetze, so will ich der Krankheiten keine auf dich legen, die ich auf Ägypten gelegt habe, denn ich bin der Herr, dein Arzt.

Mose 15:26

Denn ich bin der HERR, dein Arzt.

2. Mose 15:26

Der Weg nach innen
mit anschließendem Heilungsgebet

Es ist mein freier Wille, in Hypnose zu gehen und in uneingeschränkter Aufmerksamkeit und fokussierter Konzentration die Saat und den Segen des Wortes Gottes in mich aufzunehmen! ... Ich weise alle Zweifel und negative Einflüsse im Namen Jesu von mir und erfreue mich an der Wahrheit.

Jesus sprach zu jenen, die an ihn glaubten: „So ihr bleiben werdet an meiner Rede, so seid ihr meine rechten Jünger und werdet die Wahrheit erkennen, und die Wahrheit wird euch frei machen."

Johannes 8:31-32

Nimm einen tiefen Atemzug ... halte die Luft kurz an ... und atme doppelt so lange wieder aus und schließe bitte deine Augen ... und erlaube dir nun ... inne zukehren ... mit jedem Ausatmen, tiefer inne kehren ... wunderbar! ... mit jedem ruhigen ... angenehmen und zufriedenen Atemzug ... kannst du nun immer tiefer und tiefer entspannen ... und je tiefer du dich nun allmählich entspannst ... desto ruhiger und zufriedener werden deine Atemzüge ... und jeder Atemzug lässt dich tiefer und immer tiefer gleiten ... hineingleiten in diese tiefe und wunderbare Entspannung ... du machst das sehr gut! ... und je tiefer du in die Entspannung gehst ... umso wohler kannst du dich fühlen ... und je wohler du dich fühlst ... umso friedlicher und leichter wird es in deinem Inneren ... in deinem lichtvollen und liebeserfüllten Inneren ... nichts denken ... nichts wollen ... nichts wünschen ... alles geschieht ganz automatisch ... mit jedem Heben und Senken deines Brustkorbs ... ganz automatisch ... sich seiner inneren Weisheit und seiner inneren Großartigkeit annähern ... tiefer verbinden ... um jetzt nach zwei oder drei weiteren Atemzügen

... sich ganz mit seinem inneren Licht und seiner Liebe in Frieden verbunden zu haben ... eins ... zwei ... angekommen sein ... die Tür ist offen ... tritt ein! ... Und hier in diesem wunderbaren Raum ... sich mit allen guten Kräften und Energien mal voll und ganz auftanken ... regenerieren ... dich auf eine angenehme Weise erholen ... nichts tun müssen ... die Allweisheit deines Unterbewusstseins ... kennt den vollkommenen göttlichen Bauplan des Lebens und deines Körpers ... und heilt jetzt ... gemäß seiner Kenntnis und seines Wissens ... deinen Körper ... zur vollkommenen Gesundheit ...

... Lieber Gott, du sagt in Psalm 139:14 dass ich sorgfältig und wunderbar gemacht bin ... und dass deine Werke wunderbar sind ... Ich erkläre hiermit laut, dass ich von dir erschaffen worden bin und dass ich eine wunderbare Schöpfung bin.

... Ich spreche heute zu Krankheit und Schwäche und erkläre gemäß Philipper 2:10 dass sie sich beugen müssen unter den mächtigen Namen Jesus Christus ... Jeder Name im Himmel und auf Erden und unter der Erde muss seine Knie beugen vor dem Namen Jesus.

... Ich spreche heute zu meinem Körper und erkläre dass ich Autorität über ihn habe ... Ich befehle ihm jetzt Gottes Wort aufzunehmen ... Matthäus 8:17 erklärt, dass Jesus meine Krankheit und Schmerzen getragen hat ... Vater im Himmel, ich danke Dir dafür dass derselbe Geist, der Jesus von den Toten auferweckt hat in mir wohnt und meinen sterblichen Leib lebendig macht Römer 8:11

... Ich danke dir Vater, dass jede Zelle in meinem Leib auf dein Wort reagieren muss ... dein Wort durchflutet meinen Körper vom Scheitel bis zur Sohle ... Ich proklamiere, dass das Wort Gottes in mir zum Fleisch wurde, in mir Gestalt annimmt.

... Psalm 103:3 sagt, dass du, himmlischer Vater, mir alle meine Sünden vergeben hast und heilst alle meine Gebrechen ... Vater das ist es, was du in deinem Wort sagst ... Ich mache das jetzt auch zu meinem Bekenntnis ... Ich werde meine Situation nicht mit den Augen beurteilen, sondern mit deinem lebendigen Wort ... Es ist dein Wort, das in mir lebt und mir Gesundheit bringt und Heilung zu jedem Teil meines Körpers ... Sprüche 4:20-22

... Vater im Himmel, ich bin so froh über dein Versprechen von göttlicher Gesundheit ... du sagt es und ich glaube es!

... Ich erkläre heute, dass ich die Manifestation deiner Verheißung in Form von Heilung meines Leibes sehen werde.

... Heilung gehört mir, weil Jesus den Preis dafür schon vor über 2000 Jahren bezahlt hat ... Jesaja 53

... Gott liebt mich so sehr, dass er seinen Sohn zum Sterben ans Kreuz gesandt hat, damit ich errettet sein darf ... und sein überfließendes Leben in mir ist ... Sein Leben in mir macht mich ganzheitlich heil nach Geist ... Seele ... und Leib.

... Danke!

... du wirst feststellen ... dass es dir mit jedem Tag in jeder Hinsicht ... immer besser und besser geht ... das Wort Gottes ist wie eine Saat ... du wirst wissen wie du sie pflegst und hegst ... und du freust dich mit aller Gewisstheit ... die Saat geht auf zur rechten Zeit ... ich vertraue!

... Um dann ... in seiner eigenen Geschwingigkeit ... wieder allmählich zurück zu kehren ... ins Hier und Jetzt ... wach werden.

Selbstheilungskräfte aktivieren, wenn Gedanken heilen

Ideen gehen jeder Erfindung voraus. Gedanken schaffen auf diese Weise Materie. Und genauso können Gedanken auch den Körper beeinflussen, in die negative, aber auch in die positive Richtung, ihn also krank machen oder ihn heilen. Daher gibt es immer wieder Geschichten über Selbstheilungen allein durch mentale Fähigkeiten und über die Heilkraft der Gedanken.

Das positive Denken als Heilungsweg

Unser Körper ist mit Selbstheilungsmechanismen ausgestattet, die unter dem Einfluss von Gedanken, Gefühlen und Glaubenssätzen aus deinem Geist stehen. Somit können wir mit unseren Gedanken eine Krankheit in die eine oder andere Richtung lenken. Die Selbstheilung kann mit positiven Gedanken an Gesundheit und Freude unterstützt werden. Das funktioniert natürlich leider auch anders herum. Durch negative Gedanken, Identifikation und Aufgeben an die Krankheit verschlechtert sie sich und die Selbstheilung wird schwächer. Selbstheilung durch die Kraft der Gedanken ist möglich! Denn die Gedanken und geistigen Fähigkeiten eines Menschen können viel mehr erreichen, als man glaubt. Ja, im Grunde sind viele andere Bemühungen erst dann von Erfolg gekrönt, wenn der Mensch voller Zuversicht ist und auf diese Weise seine Selbstheilungskräfte mobilisiert. Nicht umsonst heißt es: Der Glaube versetzt Berge. Und so kann die Einstellung eines Menschen diesen auch heilen, selbst von schlimmsten Krankheiten.

Die Selbstheilungskraft aktivieren

... Nimm einen tiefen Atemzug ... halte die Luft kurz an ... atme jetzt doppelt so lang wieder aus ... und schließe deine Augen ... gestatte es dir nun ... dich mehr und mehr zu entspannen ... und dich uneingeschränkt den Gestaltungskräften deines Unbewussten zu überantworten ... bereite dich darauf vor ... deine gesamte dir zur Verfügung stehende Aufmerksamkeit auf deine innerste Selbstheilungskraft zu richten ... lasse dir hierbei Zeit ... und sorge dafür, dass dein Unbewusstes die Weichenstellungen dieses Vorganges bedingungslos übernehmen darf ... eine Vorbereitung auf ein besonderes Erleben im Universum deiner Gedanken und Gefühle ... aus der Kraft deiner innersten Weisheit ... sehr gut machst du das ... richte nun deine Aufmerksamkeit extrem gebündelt auf das Zentrum deiner Selbstheilungskraft ... in deinem Inneren befindet sich eine universelle Zelle ... sie ist so rein und ewig wie die Schöpferkraft selbst ... in ihr ist der göttliche Code gespeichert ... vollkommene Gesundheit ... Verbundenheit mit dem Körper ... optimales Körpergewicht ... strahlendes Aussehen ... unendliche Weite ... und unendliche Möglichkeiten ... verbinde dich mit ihr ... und öffne dich für ihre Schwingung ... spüre ... wie diese göttliche Schwingung sich nun mit allen deinen Zellen verbindet ... und sie mit der reinen Energie der Schöpfung auflädt ... jeder Gedanke ... jedes Gefühl ... jede Empfindung ... die sich im Zuge dieser Anschauung in dir präsentiert ... ist willkommen ... bleibe einfach dabei ... und gestatte es dir, diesen Vorgang so intensiv wie nur möglich wahrzunehmen ... und vertraue dich der Kraft und Energie dieser universellen Zelle uneingeschränkt an ... alles fließt ... wunderbar ... ... du wirst spüren ... wie gut dir diese Reise getan hat ... sodass es dir mit jedem Tag ... in jeder Hinsicht ... immer besser ... und besser geht ... und jetzt ... allmählich ... in deiner eigenen Geschwindigkeit zurückzukehren ... wieder wach werden ...

Bergauf, bergab

Einst, da wanderte ein Mann im Gebirge. Es geht steil bergauf und es ist bitter kalt und regnerisch. Der Weg ist sehr mühsam und beschwerlich, dornig, rutschig und unsicher. Der Mann lacht und pfeift vergnügt. Er weiß, ewig kann das so nicht weitergehen, irgendwann wird die Sonne wieder scheinen, der Weg angenehm und gut zu gehen sein. Und siehe da, da kommt auch schon die Sonne heraus und es wird warm. Er ist auch schon über den Berg. Der Weg geht sanft bergab. Frische Luft, ein großartiger weiter Blick über die Berge. Und der Mann weint und schluchzt bitterlich. Er weiß, ewig wird das so nicht weitergehen. Irgendwann kommen bestimmt die Wolken wieder, vielleicht sogar Dornen, die Kälte und vielleicht wird auch der Weg wieder unsicher. Es wird auch mal wieder steil bergauf gehen. Und tatsächlich kommt auch wieder so eine kalte Windböe. Der Himmel zieht sich zu. Die Sonne ist von den Wolken verdeckt. Es beginnt zu regnen und wird kalt. Der Weg wird rutschig und unsicher. Und er pfeift und lacht. Er lacht und pfeift. Denn er weiß, so ist das im Gebirge, und das wird nicht für ewig sein.

Oft nach einem Tag, oft schon nach einer Stunde belächelst du den Schmerz und fühlst nicht mehr die Wunde.
Friedrich Rückert

Der himmlische Bote

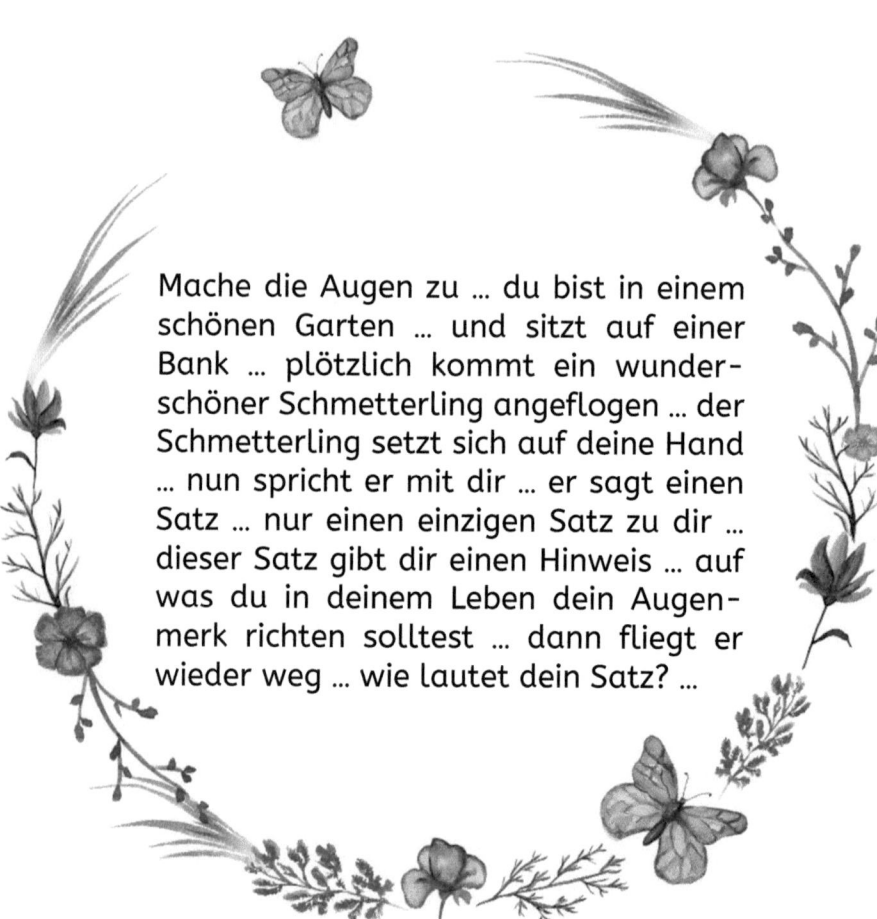

Mache die Augen zu ... du bist in einem schönen Garten ... und sitzt auf einer Bank ... plötzlich kommt ein wunderschöner Schmetterling angeflogen ... der Schmetterling setzt sich auf deine Hand ... nun spricht er mit dir ... er sagt einen Satz ... nur einen einzigen Satz zu dir ... dieser Satz gibt dir einen Hinweis ... auf was du in deinem Leben dein Augenmerk richten solltest ... dann fliegt er wieder weg ... wie lautet dein Satz? ...

Resilienz, biegen statt brechen!

Manche Menschen zerbrechen an Krisen, andere überstehen selbst widrigste Situationen unbeschadet. Sie sehen Unsicherheiten und Veränderungen als willkommene Herausforderung, stecken Rückschläge weg und erkennen für sich darin sogar Chancen. Diesen elastischen Umgang mit Veränderungen und Herausforderungen nennt man „Resilienz". Resilienz ist die Fähigkeit eines Systems, mit Veränderungen umgehen zu können. Resilienz ist die Fähigkeit, sich angesichts andauernder Belastungen, Traumata, Tragödien oder andauerndem Stress anzupassen und sich wieder zu erholen. Resilienz bedeutet körperliche und psychische Widerstandskraft. Resilienz ist die Fähigkeit, trotz widriger Umstände, Rückschläge leichter zu überwinden. Resilienz ist die Fähigkeit, trotz schwieriger Kindheit ein glücklicher Erwachsener zu werden. Mit Resilienz wird also die innere Stärke eines Menschen bezeichnet, Konflikte, Misserfolge, Niederlagen und Lebenskrisen wie schwere Erkrankungen, eine Entlassung, den Verlust eines nahe stehenden Menschen durch Tod oder Trennung, Unfälle, Schicksalsschläge, berufliche Fehlschläge oder eine traumatische Erfahrung zu meistern. Resilienz ist eine Art seelische Widerstandsfähigkeit oder Unverwüstlichkeit, gewissermaßen das Immunsystem der Seele. Ein anschauliches Beispiel für Resilienz im engeren Sinn ist die Fähigkeit eines Stehaufmännchens, denn es kann sich aus jeder beliebigen Lage wieder aufrichten. Resilienz ist nicht angeboren, sondern im Laufe der Entwicklung erlernt.

Die Grundhaltung einer Person mit hoher Resilienz lautet: „Was auch immer auf mich zukommt, ich kann damit umgehen und werde eine Lösung finden. Ich kann etwas tun, um die Krise, das Problem, die Niederlage oder den Fehlschlag zu bewältigen."

Jesus bringt die Menschen wieder in ihre Autorität

Das Reich Gottes ist der Ort, wo Gott Herrschaft ausübt. Gott besitzt alles im Himmel und auf Erden, so könnte er Herrschaft überall nehmen. Aber er hat sich entschlossen, diese Herrschaft durch den Menschen auszuüben. Er gab Adam im Garten Eden die Autorität über die Erde. Darum musste Jesus Mensch werden und auf die Erde kommen. Um Gottes Herrschaft über Satan auf Erden auszuüben, musste er es als Mensch tun.

Jesus sagt: „Das Reich Gottes kann man nicht sehen, wie man ein irdisches Reich sieht. Niemand wird euch sagen können, hier ist es oder dort ist es. Das Reich Gottes ist inwendig in euch."

Lukas 17:20-21

Darum:
Kommt her! Euch hat mein Vater gesegnet. Nehmt das Reich Gottes in Besitz, das er seit Erschaffung der Welt für euch als Erbe bereithält!

Matthäus 25:34

In Matthäus 10:1, Markus 16:17 und Lukas 10:19 sehen wir, dass alle Gewalt und Macht über den Teufel und seine Dämonen und bösen Geister, sowie über alle Krankheiten, jedem Jünger Christi gegeben wurde. Jesus sagte: „Wenn ihr in meinem Wort bleibt, so seid ihr wahrhaft meine Jünger."

Johannes 8:31

Diese Schriftstelle gilt auch heute für dich, du bist ein wahrer Jünger, wenn du in seinem Wort bleibst und danach handelst.

Erkenne deine Autorität

- Hypnoseeinleitung

- in Hypnose:

...Es ist nun für dich an der Zeit ... ein neues Glaubenssystem zu entwickeln ... es liegt allein in deiner Hand ... und es steht dir zu ... die Kraft dazu und alle Möglichkeiten besitzt du bereits ... Veränderungen, die wir uns wünschen und anstreben, können nur eintreten, wenn wir uns auch erlauben, uns für sie zu öffnen ... konzentriere dich jetzt auf deine Absicht, an Verjüngung ... Ganzkörperwiederherstellung ... Gesundheit ... und Wohlergehen zu glauben ... lass das Gefühl von Liebe ... und vollkommener Sicherheit ... und Klarheit ... in dein Glaubenssystem fließen ... spüre es in dir! ... Selbstermächtigung ist die treibende Kraft deines Seins ... sie bringt die Dinge und Begebenheiten in den Fluss des Lebens und verbindet dich mit der Schöpferkraft ... Verjüngung ... Gesundheit ... Glück ... und Erfolg ... kann nur dann stattfinden, wenn du dich selbst ermächtigst ... du erwählst dich selbst und entscheidest dich für dich ... und für das, was mit deiner Seele im Einklang schwingt ... das bedeutet, du selbst gibst dir die Erlaubnis und nimmst damit deine gottgegebene Macht und Autorität wieder an dich ... mit der Kraft deiner Absicht ... nimm deine Macht und Autorität in deine Hände und erschaffe dich neu! ...

- Hypnoseausleitung

Die göttliche Kraft, die Jesus zugeschrieben wird, wird in den Evangelien durch zahlreiche Heilungen und andere Wunder illustriert. In den Evangelien geschehen die Heilwunder Jesu übrigens fast immer ohne besondere Voraussetzung. Jesus fragt die Kranken nicht nach ihrem Glauben und bringt die Krankheit auch nicht in einen Zusammenhang mit begangenen Sünden. Die Heilung ist in der Regel nicht an Bedingungen geknüpft. Sie geschieht, weil Jesus seinen Anhängern zeigen möchte, dass Gott mit ihm ist. Die Außenwirkung ist letztlich wichtiger als die Heilung selbst. Sie kann als symbolische Handlung verstanden werden, die Zweifler verstummen lassen soll.

... und ich zog mit Jesus durch die Straßen von Jerusalem. Wir begegnetem einem Manne am Straßenrand der schwer körperlich erkrankt ward und nicht mehr gehen konnte. Er bat Jesus um Heilung und Jesus erbarmte sich und nahm sich seiner an. Augenblicklich verlies ein riesiger Dämon den Mann der ihn an das schwere Leid gebunden hat. Für Jesus war es selbstverständlich den Manne nach dem Willen Gottes wieder aufzurichten und ihn wieder in seine Autorität als Mensch auf Erden zurückzuführen.

Zahlreichen Wunder und Heilungen durch Gesundbeten oder auch an bestimmten Orten wo Gott besonders wirksam ist, von denen berichtet wird, genügen vielleicht nicht wissenschaftlichen Kriterien, aber ihre Existenz lässt sich in der christlichen Anschauung mit dem Verweis auf die Heiltätigkeit Jesu erklären.

Wahrlich, wahrlich, ich sage euch: Wer mein Wort hört und glaubt dem, der mich gesandt hat, der hat das ewige Leben und kommt nicht in das Gericht, sondern er ist vom Tode zum Leben hindurchgedrungen.

Johannes 5:24

Jesus gab uns seinen Namen, damit wir ihn gebrauchen

Ein Mensch mit Autorität kann in die Himmel hineinrufen und einen himmlischen Eingriff erwirken! Er kann in die Region der Belastungen und Bedrückungen sprechen und ihnen befehlen, etwas loszulassen und gehen zu lassen! Er kann in die geistliche Welt hinein befehlen und den Geist in den Körper zurückbringen – und all das, aufgrund dessen, was Jesus bereits für uns tat! Jesus gibt dir die Autorität und Vollmacht zurück in allen drei Welten (mittlere, obere und untere Welt) zu wirken. Der Leib Christi muss erkennen, dass er Autorität in drei Welten besitzt. Jesus wird zur Rechten des Vaters sitzen bleiben, bis wir anfangen, aktiv zu werden und unsere Vollmacht und seine Fähigkeit auszuüben. Wir müssen aufgrund der Worte Jesu handeln: „Heilt die Kranken, treibt die bösen Geister aus, ..." bis er wieder kommt!

Jesus sagte, dass er seine Werke durch die Gläubigen fortsetzen wird, wenn er beim Vater ist: „Wahrlich, wahrlich ich sage euch, wer an mich glaubt, der wird auch die Werke tun, die ich tue, und wird größere als diese tun, denn ich gehe zum Vater." Johannes 14:12

Das schließt die Heilung der Kranken mit ein!

„Alles, was ihr im Gebet verlangt, glaubt, dass ihr es empfangen habt, so wird es euch zuteilwerden." Markus 11:24

Der Gesichtspunkt der Ewigkeit

Alles, was der Geist unter dem Gesichtspunkt der Ewigkeit erkennt, das erkennt er nicht daraus, dass er die gegenwärtige wirkliche Existenz des Körpers begreift, sondern daraus, dass er das Wesen des Körpers unter dem Gesichtspunkt der Ewigkeit begreift.

Baruch de Spinoza

Das ist kein Arzt, der das Unsichtbare nicht weiß, das keinen Namen trägt, keine Materie hat und doch seine Wirkung. Nicht der Corpus ist die Arznei, das wahre Arkanum ist unsichtbar.

Paracelsus

„Ich bitte den Heiligen Geist im Namen Jesus Christus mich mit den Gedanken und der Liebe Gottes über mein Leben zu erfüllen"

> Was glaubst du?
> Will Gott dass du krank bist?
> Ja oder Nein?
> Wenn du glaubst Ja, dann wisse, dass Jesus den Willen Gottes erfüllt und dass er alle Kranken heilte!
>
> Will Gott dass du vollkommen gesund bist?
> Ja oder Nein?
> Wenn du glaubst Nein, gilt das Gleiche!
> Jesus heilte alle Kranken! Jesus ist der Wille Gottes für die Menschen, also ist es der Wille Gottes,
> dass du vollkommen gesund bist!

Wer mich sieht, sieht den Vater. Johannes 14,9
"Er (Jesus) ist das Bild des unsichtbaren Gottes." Kolosser 1:15

Denn du, Herr, bist gut und gnädig,
von großer Güte allen,
die dich anrufen."

Psalm 86:5

Das Wenden

Das Wenden ist eine alte Anwendung, die von Mensch und Tier Krankheit abwenden und zum Guten hinwenden kann, ein sogenannter Analogiezauber. Wer so etwas kann, wird im Volksmund Wender genannt und sie gehören im ländlichen Gebiet noch immer zum täglichen Leben. Das Wenden ist nichts anderes als ein Umdrehen, ein Wenden des Krankheitsverlaufes und ein Aktivieren der Selbstheilungskräfte mit Ritualen und Gebeten. Was notwendig ist, ist Glaube einerseits aber auch auf Seite der Hilfesuchenden. Für den Wender ist Heilung oft die Gnade Gottes und wird auf die Wirkung des Heiligen Geistes zurückgeführt. Aus den Traditionen und Tätigkeiten der heidnischen Priesterinnen und Druiden der vorchristlichen Zeit entwickelten sich verschiedenste Methoden des Heilens. Im Mittelalter waren unterschiedliche Heilweisen nebeneinander gebräuchlich.

Der Wender versuchte auf geistiger Ebene eine Krankheit abzuwenden, d. h. das Umkehren der Krankheit in die Gesundheit, und zwar bei Menschen als auch bei Tieren. Eine Form des Wendens war das Gebetsheilen, bei dem der Wender spezielle Heilsprüche einsetzte. Diese waren oft keine traditionellen Gebete, wie das Vater Unser oder Gegrüßet seist du Maria, in denen aber Gott oder die Heilige Jungfrau Maria um das Eintreten der Genesung gebetet wurde.

Das Gebet bedeutet das Hinwenden der Seele zu Gott, sagte einst Mahatma Gandhi. Im Gebet tritt der Mensch im Innersten seines Herzens vor die Gegenwart Gottes. Geschieht dies in aufrichtiger Hingabe, geht vom Gebet eine wundervoll heilende Kraft aus.

Es gibt Menschen die sind wie ein sicherer Hafen, dort kannst du immer vor Anker gehen.

Die Wende

Das Volk, das in Finsternis saß, hat ein großes Licht gesehen und die da saßen am Ort und Schatten des Todes, denen ist ein Licht aufgegangen.
Matthäus 4:16

Seit der Zeit fing Jesus an zu predigen und zu sagen: „Tut Buße, denn das Himmelreich ist nahe herbeigekommen!"
Matthäus 4:17

Und Jesus ging umher im ganzen galiläischen Lande, lehrte in ihren Synagogen und predigte das Evangelium von dem Reich und heilte alle Krankheit und alle Gebrechen im Volk. Und sie brachten zu ihm alle Kranken, mit mancherlei Leiden und Plagen behaftet, die Besessenen, die Mondsüchtigen und die Gichtbrüchigen. Und er machte sie gesund.
Matthäus 4:23,24

Jesus heilt Aussatz (Hautanomalien)

… und siehe, ein Aussätziger kam und fiel vor ihm nieder und sprach: „Herr, so du willst, kannst du mich wohl reinigen." … und Jesus streckte seine Hand aus, rührte ihn an und sprach: „Ich will's tun, sei gereinigt!" … und alsbald ward er von seinem Aussatz rein.
Matthäus 8:2,3

Christus kam, um den Willen des Vaters zu tun. Die Tatsache, dass er alle heilte, ist ein Beweis dafür, dass Gottes Wille ist, alle zu heilen.

Wer mich sieht, sieht den Vater. Die Worte, die ich zu euch rede, rede ich nicht von mir selbst, der Vater aber, der in mir bleibt, tut seine Werke.
Johannes 14:9-10

Die Magnetnadel weist immer nach Norden. So kann das Segelboot seinen Kurs nicht verlieren. Solange das Herz des Menschen auf Gott gerichtet ist, kann er nicht im Meer der Weltlichkeit verlorengehen.

Heilung aus dem Geiste

Jeder Mensch ist ein Kind Gottes und als solches seiner Anlage und seinem inneren Wesen nach vollkommen. Seine äußeren Verhältnisse in Leib und Leben sind das getreue Spiegelbild und die sichtbare Auswirkung seiner inneren Haltung, also geistgeboren. Sie können demzufolge vom Geiste her, durch Änderungen der Denkrichtung und Einstellung, gewandelt werden. Heilung aus dem Geiste ist ein natürlicher Prozess, der von jedermann in seiner Lage herbeigeführt werden kann. Geistige Heilung ist die Wiederherstellung der Gesundheit des Körpers, der Seele und des Geistes durch die Erinnerung an die eigene Göttliche Vollkommenheit.

Und Gott sah an alles, was er gemacht hatte, und siehe, es war sehr gut.

1. Mose 1:31

Die geheime Schriftrolle

... Schließe deine Augen ... atme ruhig ... und sei entspannt ... du siehst eine Wiese ... hier ist alle in Ordnung für dich ... du fühlst dich wohl und genießt es, hier zu sein ... dort vorne ... nimmst du nun einen großen, kraftvollen Baum wahr ... seine Wesenheit hat auf dich eine ganz besondere, vertraute Wirkung ... du fühlst dich von diesem Baum angezogen ... magisch angezogen ... und näherst dich ihm ... du berührst seine Rinde ... und spürst die Weisheit und Kraft ... riechst sein süßes Harz ... oder seinen balsamischen Blütenduft ... du fühlst dich sehr wohl und sicher ... hörst sein leichtes Wiegen ... den Wind der sanft die Blätter streichelt ... nun bemerkst du ... dass der Stamm des Baumes sich geöffnet hat ... und du gehst ganz einfach in den Baum hinein ... nun siehst du tief hinein in sein Wurzelreich ... das ihm so viel Kraft und Sicherheit gibt ... lass dich ein Stück tiefer tragen ... tiefer hinab in das prächtige Wurzelreich ... und dort unten siehst du nun eine helle, lichterne Öffnung ... du bewegst dich auf diese Öffnung zu ... und erkennst, dass sie dich zu einer weiten Wiese hinaus führt ... gehe hinaus in diese Wiese ... wunderbar ... du fühlst dich wohl ... die saftigen Gräser ... weichen Moose ... herrliche Düfte ... dort ein kleiner Bach ... kristallklares Wasser ... gehe nun ein kleines Stück weiter bis du zu einer Parkbank kommst ... setze dich dorthin ... und genieße den Augenblick ... und hier auf dieser Bank entdeckst du eine Schriftrolle ... nimm sie und öffne sie ...

(... *nun das Heilungsgebet, das auf der Schriftrolle geschrieben steht, vorlesen ...*)

... Heilungsgebet ... mein Körper wurde von der unendlichen Weisheit Gottes geschaffen ... der mich auch zu heilen vermag ... seine Weisheit formte alle meine Organe ... Gewebe ... Muskeln und Knochen ... dieselbe unendliche und heilbringende Kraft in meinem Inneren ... ist nun dabei ... jede Zelle ... jedes Atom meines Organismus zu verwandeln und mich unverzüglich wieder heil ... und gesund zu machen ... ich bin zu tiefst dankbar ... denn ich weiß ... dass ich auf dem Weg zur Besserung bin ... wunderbar sind die Werke der mir innewohnenden schöpferischen Weisheit ... die Vollkommenheit Gottes findet nun Ausdruck durch meinen Körper ... die

Vorstellung vollkommener Gesundheit … füllt jetzt mein Unterbewusstsein … Gott schuf mich nach einem vollkommenen Bild … und mein Unterbewusstsein schafft nun meinen Körper von neuem … in völliger Übereinstimmung mit dem vollkommenen Bild im Geiste Gottes … ich bin von meiner Gewohnheit befreit … ich habe mein inneres Gleichgewicht … und meinen Seelenfrieden uneingeschränkt wiedergewonnen … ich bin völlig entspannt … im Frieden mit mir selbst und der Welt … ausgeglichen … voll Ruhe … und Heiterkeit … die heilbringende Weisheit in meinem Unterbewusstsein … verwandelt in diesem Augenblick jede Zelle … jeden Nerv … jedes Gewebe … jeden Muskel und jeden Knochen … und bringt jedes Atom meines Organismus wieder in Übereinstimmung mit dem vollkommenen Muster und Vorbild, das in meinem Unterbewusstsein aufbewahrt ist … in aller Stille werden alle negativen Voreingenommenheiten meines Unterbewusstseins aufgelöst … und die Vitalität … Ganzheit … und Schönheit des Lebensprinzips … durchdringen nun meinen gesamten Körper … mein Sein und Wesen steht nun offen für die Ströme heilender Kraft … die meinen ganzen Organismus durchfluten … und mir von neuem Gesundheit … Harmonie … und Frieden schenken … alle abträglichen Gedanken und hässlichen Vorstellungen werden jetzt in der unendlichen Strömung der Liebe und des Friedens getilgt … so und nicht anders geschieht es … Danke! …

… gut … es ist nun langsam wieder Zeit zurückzukehren … du gehst nun wieder zu der Öffnung der Baumwurzel … gehst nun durch diese Öffnung wieder in den Baum … die Wurzeln entlang nach oben … bis zum Stamm … du gehst aus dem Baum wieder heraus … und die Wiese entlang zurück … ins Hier und Jetzt … und wenn du wieder voll und ganz hier angekommen bist … kannst du deine Augen wieder öffnen … alles ist gut! …

Die Segnung durch das Wort Gottes

„An Gottes Segen ist alles gelegen", sagt der Volksmund. Segen ist wichtig. Segen ist etwas Gutes. Viele Menschen erbitten sich Segen. Das taten auch die Israeliten damals.

In Psalm 67 Vers 2 und 3 steht: „Gott sei uns gnädig und segne uns, er lasse sein Angesicht leuchten bei uns, dass man auf Erden deinen Weg erkenne, unter allen Nationen deine Hilfe."

Menschen bitten gemeinsam um den Segen. Das ist das Besondere an diesem Psalm. Er ist aus dem Blickwinkel der Gemeinschaft formuliert. Da tun sich Menschen zusammen. Jeder Einzelne möchte Gott begegnen und Segen empfangen. Ein Mensch, der gesegnet wird, begegnet dem Herzen Gottes. Und dieses Herz öffnet sich und ein Strom der Liebe, der Kraft und des Trostes erfüllt den Bittenden. Dann wird dein Weg, Gott, auf der Erde erkannt werden, und deine rettende Kraft.

Der Herr segne dich und behüte dich, der Herr lasse sein Angesicht leuchten über dir und sei dir gnädig, der Herr hebe sein Angesicht über dich und gebe dir Frieden.
4. Buch Mose 6, 24–26

Wenn jemand für mich betet und mir dann den Segen zuspricht, ist das für mich ein heiliger Moment. Ich brauche nur da zu sein und zu empfangen. Ich höre meinen Namen, ich höre, wie ein Mensch für mich betet. Wie er sich mir zuwendet, mir die Hand auflegt. Manchmal gibt es ein Bibelwort oder ein Bild. Und dann der Zuspruch: „Gott sei dir gnädig und segne dich!" Das berührt mich ganz tief innen und es verändert. Segen ist ein besonderes Geschenk.

In Psalm 91 verheißt und Gott Schutz an Leib, Seele und Geist, wenn wir in ihm bleiben. Im Neuen Testament schreibt Johannes: „Ich wünsche, dass es dir in allem wohl ergehe und du gesund bist, wie es deiner Seele wohl geht."
Johannes 3:2

Beide Schriftstellen zeigen auf, dass es Gottes Wille ist, dass unser Körper ebenso gesund sein soll wie unsere Seele und unser Geist. Es ist niemals Gottes Wille, dass unser Körper krank ist!

In Matthäus 8:16-17 erfüllte Christus die Prophezeiung des Jesaja, in dem „Er alle Leidenden heilte".

Jesus sagte, dass er seine Werke durch die Gläubigen fortsetzen wird, wenn er beim Vater ist: „Wahrlich, wahrlich ich sage euch, wer an mich glaubt, der wird auch die Werke tun, die ich tue, und wird größere als diese tun, denn ich gehe zum Vater."
Johannes 14:12

Das schließt die Heilung der Kranken mit ein!

In Johannes 14:13-14 ist das Recht, zu beten und die Antwort zu empfangen, jedem Gläubigen gegeben: „Was ihr in meinem Namen (Jesus Christus) bitten werdet, das will ich tun." Das schließt, wenn wir krank sind, auch die Bitte um Heilung mit ein.

In Matthäus 10:1, Markus 16:17 und Lukas 10:19 sehen wir, dass alle Gewalt und Macht über den Teufel und seine Dämonen und bösen Geister, sowie über alle Krankheiten, jedem Jünger Christi gegeben wurde. Jesus sagte: „Wenn ihr in meinem Wort bleibt, so seid ihr wahrhaft meine Jünger."
Johannes 8:31

Diese Schriftstelle gilt auch heute für dich, du bist ein wahrer Jünger, wenn du in seinem Wort bleibst und danach handelst.

Ich bin das Licht der Welt. Wer mir nachfolgt, wird nicht wandeln in Finsternis, sondern wird das Licht des Lebens haben.

Johannes 8:12

Die Heilkraft der Liebe

Man sagt, dass Liebe Menschen heilt, beide, diejenigen die sie geben und jene, die sie erhalten. Würde ich Patienten sagen, sie sollen die Immunglobuline und Killer-T-Zellen in ihrem Blutspiegel erhöhen, so wüsste niemand, wie er dies bewerkstelligen könnte. Wenn ich ihnen jedoch beibringe, sich selbst und andere uneingeschränkt zu lieben, treten die gleichen Veränderungen automatisch ein. Liebe schafft ein gesundes Milieu. Lieben ist die Kraft, die jeden Kampf beendet! Liebe deine Feinde, denn dadurch hast du keine Feinde mehr. Die Liebe ist die stärkste heilende Kraft, denn die Liebe ist immer die Lösung. Die Wahrheit ist, Liebe heilt.

Die Liebe – größer als alle Gaben

Wenn ich in Sprachen rede, die von Gott eingegeben sind, in irdischen Sprachen und sogar in der Sprache der Engel, aber keine Liebe habe, bin ich nichts weiter als ein dröhnender Gong oder eine lärmende Pauke. Wenn ich prophetische Eingebungen habe, wenn mir alle Geheimnisse enthüllt sind und ich alle Erkenntnis besitze, wenn mir der Glaube im höchsten nur denkbaren Maß gegeben ist, sodass ich Berge versetzen kann, wenn ich alle diese Gaben besitze, aber keine Liebe habe, bin ich nichts.

Wenn ich meinen ganzen Besitz an die Armen verteile, wenn ich sogar bereit bin, mein Leben zu opfern und mich bei lebendigem Leib verbrennen zu lassen, aber keine Liebe habe, nützt es mir nichts.

Liebe ist geduldig, Liebe ist freundlich. Sie kennt keinen Neid, sie spielt sich nicht auf, sie ist nicht eingebildet. Sie verhält sich nicht taktlos, sie sucht nicht den eigenen Vorteil, sie verliert nicht die Beherrschung, sie trägt keinem etwas nach. Sie freut sich nicht, wenn Unrecht geschieht, aber wo die Wahrheit siegt, freut sie sich mit. Alles erträgt sie, in jeder Lage glaubt sie, immer hofft sie, allem hält sie stand. Die Liebe vergeht niemals.

Prophetische Eingebungen werden aufhören, das Reden in Sprachen, die von Gott eingegeben sind, wird verstummen, die Gabe der Erkenntnis wird es einmal nicht mehr geben. Denn was wir erkennen, ist immer nur ein Teil des Ganzen, und die prophetischen Eingebungen, die wir haben, enthüllen ebenfalls nur einen Teil des Ganzen. Eines Tages aber wird das sichtbar werden, was vollkommen ist. Dann wird alles Unvollkommene ein Ende haben.

Als ich noch ein Kind war, redete ich, wie Kinder reden, dachte, wie Kinder denken, und urteilte, wie Kinder urteilen. Doch als Erwachsener habe ich abgelegt, was kindlich ist. Jetzt sehen wir alles nur wie in einem Spiegel und wie in rätselhaften Bildern, dann aber werden wir Gott von Angesicht zu Angesicht sehen. Wenn ich jetzt etwas erkenne, erkenne ich immer nur einen Teil des Ganzen, dann aber werde ich alles so kennen, wie Gott mich jetzt schon kennt.

Was für immer bleibt, sind Glaube, Hoffnung und Liebe, diese drei. Aber am größten von ihnen ist die Liebe.

Korinther 13

Gott ist Liebe und wer in der Liebe bleibt, der bleibt in Gott und Gott in ihm.

1. Johannes 4:16

Die Liebe Gottes und die Liebe untereinander

Ihr Lieben, lasst uns einander lieb haben, denn die Liebe ist von Gott, und wer liebt, der ist aus Gott geboren und kennt Gott. Wer nicht liebt, der kennt Gott nicht, denn Gott ist Liebe. Darin ist erschienen die Liebe Gottes unter uns, dass Gott seinen eingeborenen Sohn gesandt hat in die Welt, damit wir durch ihn leben sollen.

Darin besteht die Liebe: nicht dass wir Gott geliebt haben, sondern dass er uns geliebt hat und gesandt seinen Sohn zur Versöhnung für unsere Sünden. Ihr Lieben, hat uns Gott so geliebt, so sollen wir uns auch untereinander lieben. Niemand hat Gott jemals gesehen. Wenn wir uns untereinander lieben, so bleibt Gott in uns, und seine Liebe ist in uns vollkommen. Daran erkennen wir, dass wir in ihm bleiben und er in uns, dass er uns von seinem Geist gegeben hat. Und wir haben gesehen und bezeugen, dass der Vater den Sohn gesandt hat als Heiland der Welt.

Wer nun bekennt, dass Jesus Gottes Sohn ist, in dem bleibt Gott und er in Gott. Und wir haben erkannt und geglaubt die Liebe, die Gott zu uns hat: Gott ist Liebe, und wer in der Liebe bleibt, der bleibt in Gott und Gott in ihm. Darin ist die Liebe bei uns vollendet, auf dass wir die Freiheit haben, zu reden am Tag des Gerichts, denn wie er ist, so sind auch wir in dieser Welt. Furcht ist nicht in der Liebe, sondern die vollkommene Liebe treibt die Furcht aus. Denn die Furcht rechnet mit Strafe, wer sich aber fürchtet, der ist nicht vollkommen in der Liebe. Lasst uns lieben, denn er hat uns zuerst geliebt.

Wenn jemand spricht: Ich liebe Gott, und hasst seinen Bruder, der ist ein Lügner. Denn wer seinen Bruder nicht liebt, den er sieht, der kann nicht Gott lieben, den er nicht sieht. Und dies Gebot haben wir von ihm, dass, wer Gott liebt, dass der auch seinen Bruder liebe.

1.Johannes 4:8

Die heilende Kraft, sich selbst und anderen zu vergeben

Jesus schenkte den Menschen die Fähigkeit zu verzeihen und Verzeihung zu erlangen. Dadurch ist es möglich, von den Auswirkungen des Karmas, der vergangenen Taten gereinigt zu werden. Wer von ganzem Herzen verzeihen kann, lebt gesünder und zufriedener. Denn Verzeihen entlastet nicht nur die Menschen, denen man böse war, sondern vor allem einen selbst.

Deshalb sage ich dir: Ihre vielen Sünden sind vergeben, denn sie hat viel geliebt, wem aber wenig vergeben wird, der liebt wenig.

Lukas 7:47

Und das Gebet des Glaubens wird dem Kranken helfen, und der Herr wird ihn aufrichten, und wenn er Sünden getan hat, wird ihm vergeben werden.

Jakobus 5:15

Wer seinen Nächsten verurteilt, der kann irren. Wer ihm verzeiht, der irrt nie.

Einleitung zur Entspannung und Behandlung durch Liebe (Louise L. Hay)

Einleitung zur Entspannung

Lege dich ganz bequem hin ... schließe deine Augen ... und erlaube dir jetzt ... dich voll und ganz zu entspannen und dich wohlzufühlen ... Ich werde nun gleich beginnen zu zählen ... und bei jeder Zahl die ich ausspreche ... öffne bitte deine Augen und schließe sie gleich wieder ... aber ganz langsam und ruhig ... und du spürst dann, dass deine Augen allmählich immer schwerer und schwerer werden ... und sich die Augen auch immer schwerer und schwerer öffnen lassen ... bis sie sich dann gar nicht mehr öffnen möchten ... weil du sie so entspannt hast und sie so schwer geworden sind ... Ich beginne nun zu zählen ... und bei jeder Zahl öffnest du die Augen und schließt sie dann wieder ... während du dann ganz automatisch immer tiefer und tiefer in die Entspannung hinein gleitest ... und die Augen werden von Zahl zu Zahl immer schwerer und schwerer ... Eins ... deine Augen sind bleischwer ... Zwei ... immer schwerer werden deine Augen ... Drei ... deine Augen sind jetzt vielleicht schon so schwer ... Vier ... dass sie sich jetzt kaum noch öffnen lassen ... Fünf ... sie werden noch viel schwerer ... bleischwer ... Sechs ... schwerer und schwerer werden lassen ... Sieben ... genauso ... unendlich schwer ... Acht ...deine Augen werden von Zahl zu Zahl immer noch schwerer und schwerer ... bis sich die Augen nun gar nicht mehr öffnen möchten ... weil sie so entspannt und schwer geworden sind ... und jetzt ... wo sie einfach geschlossen bleiben möchten ... kannst du dieses Gefühl der Schwere und Entspannung wie eine, zwei oder mehrere Wellen durch deinen ganzen Körper fließen lassen ... und es einfach so genießen ... tiefer ... und noch tiefer zu gehen ... genauso ... wunderbar ... du machst das sehr gut ... mit jedem Ein- und Ausatmen tiefer hinein gleiten ... lass dich einfach treiben ... immer tiefer und tiefer ...

Behandlung durch Liebe

Tief in der Mitte meines Wesens ... sprudelt ein unendlicher Quell der Liebe ... ich erlaube nun ... dass diese Liebe ... zur Oberfläche emporwallt ... sie erfüllt mein Herz ... meinen Körper ... und mein Denken ... mein Bewusstsein ... und mein innerstes Sein ... und sie strahlt von mir aus ... in alle Richtungen ... um dann mit vermehrter Kraft zurückzukehren ... Je mehr Liebe ich übe und gebe ... desto mehr habe ich zu geben ... der Nachschub ist grenzenlos ... Wenn ich Liebe übe ... fühle ich mich wohl ... das ist ein Ausdruck meiner inneren Freude ... ich liebe mich ... und deshalb sorge ich liebevoll für meinen Körper ... Liebevoll ernähre ich ihn mit guten Speisen und Getränken ... pflege ... und kleide ihn liebevoll ... mein Körper dankt mir dafür mit Liebe ... strahlender Gesundheit ... Vitalität ... und Energie ... ich liebe mich ... deshalb bereite ich mir ein behagliches Zuhause ... das alle meine Bedürfnisse erfüllt ... und wo mir der Aufenthalt ... ein Vergnügen ist ... Ich durchtränke alle Räume mit Schwingungen der Liebe ... sodass alle, die sie betreten ... auch ich selbst ... diese Liebe spüren ... und sich von ihr gestärkt fühlen ... ich liebe mich ... deshalb arbeite ich an einem Platz ... wo ich die Arbeit wirklich genieße ... wo meine schöpferischen Begabungen und Fähigkeiten zum Einsatz kommen ... ich arbeite mit und für Menschen ... die ich liebe ... und die mich lieben ... und ich verdiene damit ein gutes Einkommen ... ich liebe mich ... deshalb verhalte ich mich liebevoll gegenüber allen Menschen ... und denke liebevoll an sie ... denn ich weiß ... das alles ... was ich gebe ... vermehrt zu mir zurückkehren wird ... ich ziehe in meine Welt nur liebevolle Menschen an ... denn sie sind ein Spiegel dessen ... was ich bin ... ich liebe mich ... deshalb vergebe ich ... und löse mich völlig von der Vergangenheit ... und allen Erlebnissen in der Vergangenheit ... und ich bin frei ... ich liebe mich ... deshalb lebe ich täglich im Jetzt ... und erlebe jeden Augenblick ... als gut ... ich weiß ... dass meine Zukunft licht ... freudvoll ... und sicher ist ... denn ich bin ein geliebtes Kind Gottes ... und Gott sorgt liebevoll für mich ... jetzt ... und immerdar ... und so ist es!

Was für immer bleibt, sind Glaube, Hoffnung und Liebe, diese drei. Aber am größten von ihnen ist die Liebe.

Korinther 13

... gut ... es ist nun langsam wieder Zeit zurückzukehren ... ins Hier und Jetzt ... alles ist wieder völlig normal für dich ... die Schwere hat deine Augen und deinen Körper wieder verlassen ... und wenn du wieder voll und ganz hier angekommen bist ... kannst du deine Augen wieder öffnen ... alles ist gut! ...

„Wenn du dein Denken änderst, änderst du dein Leben"

Louise L. Hay

Der Mensch besteht aus Körper, Seele und Geist

Gott ist dreieinig, genauso auch der Mensch. Er hat einen Körper, der für alle sichtbar ist und darüber hinaus eine Persönlichkeit, die jeden Menschen einzigartig macht. Und dann gibt es noch den Geist im Menschen.

„Er aber, der Gott des Friedens bewahre euren Geist samt Seele und Leib unversehrt, untadelig für die Ankunft unseres Herrn Jesus Christus."
1. Thessaloniker 5:23

Gott machte den Menschen als ein Gefäß, um seinen Plan zu erfüllen. Dieses Gefäß besteht aus drei Teilen: Körper, Seele und Geist. Der Körper kann die Dinge des physischen Bereichs berühren und aufnehmen. Die Seele kann die Dinge des psychologischen Bereichs berühren und aufnehmen. Und der Geist, der innerste Teil des Menschen, wurde geschaffen, um Gott Selbst zu berühren und aufzunehmen.

Dieser Aufbau des Menschen wird in der Bibel beschrieben. Es wird offenbart, dass wir Menschen Gefäße sind. Gefäße, die dazu geschaffen wurden, Gottes Geist in sich aufzunehmen. Dies ist die ursprüngliche Bestimmung eines jeden Menschen.

Wer den Geist Gottes nicht aufnimmt, wird sein Leben lang mit der Suche nach Vollkommenheit und innerer Ruhe beschäftigt sein, und auch nach dem Übergang aus dieser in die andere Welt wird seine Seele nicht ruhen können. Wer aber diese Bestimmung erfüllt, wird die Vollkommenheit bereits heute erfahren. Diese drückt sich durch Friede, Freude und Gerechtigkeit im Menschen aus.
Römer 14:17

Unser Körper ist lediglich das Gefäß, welches Seele und Geist in sich trägt, um das inwendige Leben nach außen sichtbar zu machen. Als Gott den Menschen schuf, blies er den Odem des Lebens in seine Nase und machte aus ihm ein lebendiges Wesen.

1 Mose 2,7

Der Mensch fing an zu denken, abzuwägen, er bekam Gefühle und ebenso einen Willen, um Entscheidungen zu treffen und diese umzusetzen. Der Mensch wurde zur Persönlichkeit. Er ist nach Gottes Abbild geschaffen, und auch Gott hat eine Seele, wie viele Bibelstellen belegen.

Jesaja 1:14 | Hebräer 10:38

Die Seele eines Menschen ist somit seine Persönlichkeit, sie ist das „Ich" des Menschen. Mit ihr treffen wir unsere Entscheidungen im Leben, so auch die Entscheidung, wem wir glauben und ob wir uns Gott hingeben oder nicht.

Gott ist außerdem Geist und offenbart sich den Menschen durch das Wort.

Johannes 4:24

Gefühle, Verstand und Wille sind Eigenschaften, mit denen der Mensch ausgestattet ist, um das Geistliche wahrzunehmen und es wiederzugeben. Mit dem Verstand hört er das Wort und wägt es ab, mit dem Willen setzt er das Geglaubte in die Tat um und die Gefühle folgen unbedingt aus dem Glauben. Aus dem wahren Glauben kommen Frieden, Liebe, Freude.

Der Mensch hat einen noch viel stärkeren Motor in seinem Herzen, das Gewissen. Im Gewissen lebt der Geist, welcher den Menschen antreibt. Sicherlich kennt jeder das Gefühl, dass eine innere Stimme etwas Bestimmtes fordert und sich eine andere Stimme dagegen sträubt, was im Menschen einen regelrechten Kampf auslösen kann. Oder das Gefühl, wenn alles hochkocht und man sich nicht mehr kontrollieren kann, und dann so handelt, wie man es eigentlich nie bei klarem Verstand für richtig gehalten hätte. Das alles zeigt, dass es im Menschen einen Geist gibt, der stärker ist als seine Seele. Aus diesem Grund empfinden viele Menschen eine unerklärliche Erschöpfung, eine innere Müdigkeit, vielleicht sogar depressive Zustände. Ein solcher Zustand eines Menschen ist religiös, denn man ist nicht das, was man ist.

Römer 7:19-23

Und aus genau diesem Zustand gibt es einen Ausweg für jeden Menschen. Jesus Christus im Gewissen aufzunehmen, ist das Geheimnis des Glaubens, das uns offenbart ist. Wenn der Mensch Christus in sein Gewissen aufnimmt, macht das Gesetz des Geistes ihn frei von dem Gesetz der Sünde und des Todes.

Römer 8:1

Der Mensch kann dann seinem Gewissen voll vertrauen und sich darauf stützen. In diesem Zustand kann sich die Seele der Führung ihres Gewissens hingeben und ruht darauf. Und genau das ist der Friede, die Freude und die Gerechtigkeit im Heiligen Geist.

Römer 14:17

Oder wisset ihr nicht, dass euer Leib ein Tempel des Heiligen Geistes ist, welchen ihr habt von Gott, und seid nicht euer selbst.

Korinther 6:19

Der Heilige Geist wird in der Bibel bezeichnet als:

Geist Gottes	1.Korinther 3:16
Geist des Lebens	Römer 8:2
Geist des Glaubens	2.Korinther 4:13
Geist der Wahrheit	Johannes 16:13
Geist der Gnade	Hebräer 10:29
Geist der Heiligung	Römer 1:4
Geist der Kraft	2.Timotheus 1:7

Der Heilige Geist kam, um für den Herrn Jesus Christus zu zeugen und Ihn zu verklären.

Johannes 16:13-14

Wie Jesus kam, um den Vater zu verherrlichen und zu offenbaren, so wurde der Heilige Geist gesandt, den Sohn, Jesus Christus, zu erhöhen und zu verklären.

Die natürliche Folge ist: Je mehr wir unser Leben vom Heiligen Geist beherrschen lassen, desto mehr lieben und dienen wir dem Herrn Jesus Christus, und desto mehr sind wir uns Seiner liebenden und bleibenden Gegenwart bewusst. Denn wir sind, wenn wir mit dem Heiligen Geist erfüllt sind, mit Christus erfüllt. Wenn wir vom Heiligen Geist beherrscht werden, werden wir von Jesus Christus beherrscht. Wenn wir von dem Heiligen Geist beherrscht und erfüllt sind, kommt in uns die Kraft Gottes, weit größer als unsere eigene, zur Herrschaft und wirkt im Dienst und in einem siegreichen Leben durch uns.

Johannes der Täufer war ein Prophet des alten Bundes, der dazu berufen war, Jesus den Weg zu bahnen. Er rief zur Umkehr und Buße auf und taufte die Volksmenge im Jordan mit Wasser. Als er jedoch bemerkte, dass das Volk bei sich dachte, er selbst sei der Christus, da sprach er zu ihnen: „Ich zwar taufe euch mit Wasser, es kommt aber ein Stärkerer als ich, und ich bin nicht würdig, ihm den Riemen seiner Sandalen zu lösen, er wird euch mit Heiligem Geist und Feuer taufen."

Lukas 3:16

Durch die Wassertaufe bezeugten die Menschen zum damaligen Zeitpunkt, dass sie von ihrem bisherigen Weg umkehren wollten, doch die Kraft des Heiligen Geistes sollte erst später durch Jesus Christus auf sie kommen. Jesus selbst hat seine Jünger während seines irdischen Dienstes mehr als einmal darauf hingewiesen, dass der Vater den Heiligen Geist senden wird. Er spricht vom Heiligen Geist als Beistand, als Tröster, ja sogar als Lehrer.

Jesus sagt selbst über ihn: „Der Beistand aber, der Heilige Geist, den der Vater senden wird in meinem Namen, der wird euch alles lehren und euch an alles erinnern, was ich euch gesagt habe."

Johannes 14:26

Auch wir können heute die Taufe im Heiligen Geist erleben. Wenn du den Vater bittest, dass er dich mit seinem Heiligen Geist taufen möge und du dich nach dem Feuer seines Geistes ausstreckst, so wird er dein Gebet erhören. Bete es von ganzem Herzen und in der Erwartung, mit seiner Kraft erfüllt zu werden.

„Vater, ich bitte dich, taufe mich mit Heiligem Geist. Erfülle mich mit der Kraft des Himmels und lasse das Feuer deines Geistes in mir brennen. Ich danke dir, dass ich die Geistestaufe jetzt empfangen habe. In Jesu Namen. Amen"

Die Reise in die Judäaische Wüste im Jahre 30 Anno Domini

Schließe bitte deine Augen ... du befindest dich auf einem hohen Gebäude ... von dort siehst du einen wunderschönen, verschlungenen Weg in einen hellen Wald hinein ... du nimmst nun eine Wendeltreppe hinunter ... steigst immer tiefer und tiefer ... Stockwerk für Stockwerk ... tiefer und tiefer ... Stockwerk für Stockwerk ... immer tiefer und tiefer... bis du im Erdgeschoss angekommen bist ... verlass das Gebäude, bis du zu dem Weg kommst ... geh den Weg entlang ... nach einer Weile stößt du auf eine Parkbank ... setz dich dorthin ... atme tief durch ... lass alle restliche Anspannung entweichen ... nun geh weiter ... du siehst ein Haus ... die Tür ist offen ... geh hinein ... hier findest du zwei Objekte, das eine ist ein Tier und das andere ist ein ganz besonderer Gegenstand ... kannst du sie sehen ... was ist es *(hier ist es wichtig, dass die Vorstellungskraft des Klienten schon so aktiv ist, dass er ein Tier und einen besonderen Gegenstand wahrnehmen kann und wir dann weiter so viel wie möglich seine Sinne anregen)* ... am Ende des Raumes siehst du nun eine Tür ... geh hin und öffne sie ... die Schwelle ist die, die dich in die Judäaische Wüste im Jahre 30 führt ... tritt ein.

... In jenen Tagen trat Johannes der Täufer auf und verkündete in der Wüste von Judäa: Kehrt um! Denn das Himmelreich ist nahe. Er war es, von dem der Prophet Jesaja gesagt hat: Die Stimme eines Rufers in der Wüste: Bereitet den Weg des Herrn! Macht gerade seine Straßen! Johannes trug ein Gewand aus Kamelhaaren und einen ledernen Gürtel um seine Hüften, Heuschrecken und wilder Honig waren seine Nahrung. Die Leute von Jerusalem und ganz Judäa und aus der ganzen Jordangegend zogen zu ihm hinaus. Sie bekannten ihre Sünden und ließen sich im Jordan von ihm taufen.

Matthäus 1:3-6

Ich taufe euch mit Wasser zur Umkehr. Der aber, der nach mir kommt, ist stärker als ich und ich bin es nicht wert, ihm die Sandalen auszuziehen. Er wird euch mit dem Heiligen Geist und mit Feuer taufen.

Matthäus 3:11

Zu dieser Zeit kam Jesus von Galiläa an den Jordan zu Johannes, um sich von ihm taufen zu lassen. Johannes aber wollte es nicht zulassen und sagte zu ihm: „Ich müsste von dir getauft werden und du kommst zu mir?" Jesus antwortete ihm: „Lass es nur zu! Denn so können wir die Gerechtigkeit ganz erfüllen." Da gab Johannes nach. Als Jesus getauft war, stieg er sogleich aus dem Wasser herauf. Und siehe, da öffnete sich der Himmel und er sah den Geist Gottes wie eine Taube auf sich herabkommen. Und siehe, eine Stimme aus dem Himmel sprach: „Dieser ist mein geliebter Sohn, an dem ich Wohlgefallen gefunden habe."

Matthäus 3:13-17

An dem letzten, dem großen Tag des Festes aber stand Jesus und rief und sprach: Wenn jemand dürstet, so komme er zu mir und trinke! Wer an mich glaubt, wie die Schrift gesagt hat, aus seinem Leibe werden Ströme lebendigen Wassers fließen. Dies aber sagte er von dem Geist, den die empfangen sollten, die an ihn glaubten, denn noch war der Geist nicht da, weil Jesus noch nicht verherrlicht worden war.

Johannes 7:38-39

Doch ich sage euch die Wahrheit: „Es ist euch nützlich, dass ich weggehe, denn wenn ich nicht weggehe, wird der Beistand nicht zu euch kommen, wenn ich aber hingehe, werde ich ihn zu euch senden."

Johannes 16:7

Der Auferstandene erscheint seinen Jüngern

Plötzlich kam Jesus zu ihnen. Er trat in ihre Mitte und grüßte sie: „Friede sei mit euch!" Dann zeigte er ihnen die Wunden in seinen Händen und an seiner Seite. Als die Jünger ihren Herrn sahen, freuten sie sich sehr. Jesus sagte noch einmal: „Friede sei mit euch! Wie mich der Vater gesandt hat, so sende ich jetzt euch!" Nach diesen Worten hauchte er sie an und sprach: „Empfangt den Heiligen Geist!"

Johannes 20:19-22

Als der Tag des Pfingstfestes gekommen war, waren alle zusammen am selben Ort. Da kam plötzlich vom Himmel her ein Brausen, wie wenn ein heftiger Sturm daher fährt, und erfüllte das ganze Haus, in dem sie waren. Und es erschienen ihnen Zungen wie von Feuer, die sich verteilten, auf jeden von ihnen ließ sich eine nieder. Alle wurden mit dem Heiligen Geist erfüllt und begannen, in fremden Sprachen zu reden, wie es der Geist ihnen eingab.

Apostelgeschichte 2:1-4

... denn die Liebe Gottes ist ausgegossen in unsere Herzen durch den Heiligen Geist, der uns gegeben worden ist.

Römer 5:5

... Jesus Christus ist derselbe gestern und heute und in Ewigkeit.

Hebräer 13:8

> ➤ Rückreise in das Hier und Jetzt, Reorientierung und Hypnoseausleitung!

Lerne loszulassen,
das ist der Schlüssel zum Glück!

Die Sedona Methode

Entstehung der Sedona Methode

Der Erfinder der Sedona Methode war der Amerikaner Lester Levenson. Er war Physiker und als Unternehmer sehr erfolgreich. Mit 42 Jahren wurde er von seinem Arzt als unheilbar krank diagnostiziert. Sein Arzt schickte ihn zum Sterben nach Hause, er konnte ihm nicht helfen. Sein auf diese Art gefälltes Todesurteil wollte Lester Levenson nicht akzeptieren. Er begann mit sich selbst reinen Tisch zu machen und sein bisheriges Leben zu hinterfragen.

Seine Vermutung war, der Umgang mit seinen Gefühlen könnte ihn krank gemacht haben. Rationaler Wissenschaftler, als der er ausgebildet war, gab er seinen Ideen formalen Charakter. Daraus entwickelte er eine für ihn nachvollziehbare Methode, besser mit seinen Gefühlen umgehen zu können. Dieses Format nannte er die Sedona Methode. Lester Levenson lebte noch weitere 40 Jahre und verbrachte sein Leben damit, anderen Menschen seine Methode zu vermitteln.

Einführung

Die meisten von uns gehen auf verschiedene Arten mit Gefühlen, speziell mit negativen Gefühlen um. Entweder sie verdrängen sie, was auf längere Sicht eine Reihe von unangenehmen Folgen haben kann. Das beginnt mit Muskelverspannungen, Unausgeglichenheit und Stress und führt bis zu chronischen, psychosomatischen Krankheiten, vor denen die Ärzte dann ratlos kapitulieren. Oder wir erleben unsere Gefühle sehr intensiv, fühlen uns ihnen ausgeliefert und haben keine Strategien gelernt, wie wir mit ihnen umgehen können. Ich halte es für schwierig, glücklich und selbstbestimmt zu leben, wenn die Gefühle machen, was sie wollen und ich so gar nicht weiß, wie ich das einfach ändern kann. Hier kommt die Sedona Methode ins Spiel. Sie bietet Dir eine Methode, unangenehme Gefühle auf relativ einfache Weise loslassen zu können.

Bei den meisten emotional basierten Techniken versuchen Sie herauszufinden, warum Sie so denken, wie Sie es tun, bevor Sie sich dann dem eigentlichen Loslassen zuwenden. Mit der Sedona Methode, ist es nicht erforderlich, wieder und wieder zurück in die Vergangenheit zu gehen und die leidvollen Erfahrungen, Probleme etc. zu wiederholen.

Man lernt einfach, los zu lassen. Die Ergebnisse sind dauerhaft und verstärken sich im Laufe der Zeit. Die meisten Selbsthilfe Techniken und Seminare jedoch, generieren Ergebnisse die im Laufe der Zeit abnehmen. Es ist wissenschaftlich bewiesen, dass die Sedona Methode den gegenteiligen Effekt hat.

Das Loslassen ist eine natürliche Fähigkeit, die jeder besitzt, aber nur sehr wenige Menschen wissen, wie man dieses bewusst und konsequent vollbringt. Einmal gelernt kann diese Fähigkeit in vielerlei Hinsicht weiterhelfen. Gerade in unserer hoch komplexen Welt, ist es wichtig, schnelle effektive Techniken zu kennen, die sofort umgesetzt werden können.

Die Sedona Methode ist elegant, tiefgreifend, leicht anzuwenden und somit eine große Entlastung im Alltag.

Bei der Sedona Methode handelt es sich um einen mentalen Gleitanker. Dieser Anker wirkt durch eine Kette von sich verändernden **Modaloperatoren** (Wörter die eine Möglichkeit oder Notwendigkeit implizierender) gepaart mit **Zeitprädikaten**:

... könnte ich (Modaloperator) ... nur für einen Augenblick (Zeitprädikat) ... würde ich (Modaloperator) ... wenn ich könnte (Zeitprädikat) ... wann (Zeitprädikat) ... würde ich (Modaloperator)

Durch das assoziierte Wiedererleben und das Benamen wird ein Erlebnis aufgerufen, und durch ein mehrmaliges Durchlaufen des Fragenloops werden die dahinterliegenden Glaubenssatzstrukturen verändert. Durch die Anwendung dieser Technik werden auf der neurophysiologischen Ebene tatsächlich neue neuronale Pfade gebildet.

In einer fortgeschrittenen Version kann man diese optimierte Fassung mit einer hypnotischen Elman-Induktion koppeln und eine Hypnoanalyse einfügen.

Die Sedona Methode besteht auf der ersten Ebene aus vier Fragen.

Dies sind die vier einfachen Fragen:

1. Können Sie dieses Gefühl in diesem Moment akzeptieren?
2. Könnten Sie dieses Gefühl jetzt loslassen – nur für diesen Moment?
3. Würden Sie dieses Gefühl loslassen wenn Sie könnten?
4. Wann würden Sie das Gefühl loslassen?

1. Können Sie dieses Gefühl in diesem Moment akzeptieren?

Gegen eigene Gefühle kann man nicht gewinnen. Sie zu unterdrücken, zu bekämpfen, sich auszureden, all das funktioniert nicht, meist wird das unangenehme Gefühl nur stärker. Das Interessante an dieser Frage ist, dass es egal ist, was du antwortest. Wichtig ist jedoch, dass du ehrlich bist – zu dir selbst. Und dass du spontan antwortest, also nicht lange nach der richtigen Antwort suchen. Vielleicht ist das Gefühl so stark, dass du gar nicht anders kannst als es zu akzeptieren. Oder es handelt sich um eine körperlichen Schmerz, und du weißt, dass du ihn ertragen musst. Aber: Du darfst dich auch weigern, dein Gefühl zu akzeptieren. Es gibt kein Muss.

2. Könnten Sie dieses Gefühl jetzt loslassen, nur für diesen Moment?

Auch diese Frage ist raffiniert. Du wirst ja nicht aufgefordert, das Gefühl loszulassen. Die Frage zielt vielmehr auf deine Wahlfreiheit, die du in diesem Moment hast aber meistens nicht so erlebst. Wieder spielt es keine Rolle, wie du antwortest. Nur spontan ohne langes Nachdenken sollte es sein. Hierbei ist es wichtig, das wahrgenommene Gefühl wirklich zu spüren. Oft geben wir uns mit Symbolisierungen oder Konstrukten zufrieden. „Ich habe Stress." „Ich ärgere mich." Doch ist es leichter, wenn wir zu dem Gefühl die passenden Körperempfindungen dazu spüren. Hitze im Gesicht, Enge im Hals, Druck auf den Schultern usw. Denn diese Körperempfindungen können wir auch leichter loslassen als die diffusen Begriffe Stress, Ärger oder Angst. Loslassen können wir übrigens immer. Du streitest dich mit deinem Partner. Das Telefon klingelt. Mit normaler Stimme redest du mit dem Anrufer. Du hast den Ärger in diesem Moment losgelassen, um ihn, wenn das Telefongespräch beendet ist, wieder aufzugreifen und weiter zu streiten. Loslassen geschieht jedoch nicht auf direkten Befehl, auch nicht, wenn wir es selbst sind, die das von uns verlangen: „Lass endlich los!" Deshalb ist hier der indirekte Weg so wertvoll. Das sanfte Andeuten, dass es einen anderen Weg gibt, das in der Frage „Könntest Du loslassen?" liegt, macht eher den Weg frei zu jener Fähigkeit, die jeder von uns besitzt.

3. Würden Sie dieses Gefühl loslassen wenn Sie könnten?

Wieder ehrlich und spontan antworten. Diese Frage zielt darauf, was du willst. Nicht darauf, was du kannst. Denn oft erlebt man ja quälende Gefühle und denkt: „Ich will es los sein, kann aber nicht." Und dann kommt die vierte Frage.

4. Wann würden Sie dieses Gefühl loslassen?

Veränderung geschieht nicht, indem du dir etwas vormachst. Sei also ehrlich zu dir selbst und antworte spontan auf diese Frage. Wieder spielt es keine Rolle, was du antwortest: Jetzt! Gestern! Morgen vielleicht? Nie! Die Frage bringt dich ins Hier und Jetzt. Sie lässt ahnen, dass Veränderung möglich ist. Du kannst auch anders. Du kannst auch loslassen. Wann würdest du gerne loslassen? Antwortet man darauf mit „Übermorgen" oder „Wenn ich mal Zeit dazu habe", hat man damit schon zugestimmt, dass man loslassen möchte und auch loslassen kann. Wenn du jetzt den Prozess der vier Fragen durchlaufen hast, spürst du vielleicht jetzt schon eine kleine Veränderung.

Die Sedona Methode ist nicht auf Gefühle beschränkt. Du kannst genauso gut unangenehme Gedanken, limitierende Überzeugungen oder bedrängende Phantasien damit loslassen. Vermutlich wirkt die Methode auch dann, weil natürlich Gedanken, Einstellungen oder Phantasien auch mit

Gefühlen verbunden sind. Warum funktioniert die Methode, wo sie doch so simpel klingt. Ich denke, Sie ermöglicht genau das, was einem, wenn man ein Problem hat, schwer zugänglich ist. Sie bringt dich in Kontakt zu dir selbst. Charakteristisch für problematische Situationen ist ja, dass man nicht in seiner Mitte ist, sondern in Grübeleien oder Katastrophenszenarien gefangen ist. Die Gefühlslage ist mitunter auch unklar. Sie schafft eine Distanz zum Problem oder dem Gefühl. Erstaunlicherweise können wir ja unserem Partner oder einem Freund bei seinen Problemen oft gut helfen. Wir hören uns das in Ruhe an, fragen vielleicht nach, machen uns ein Bild von der Gesamtsituation. All das ist möglich, weil es nicht unser Problem ist. Weil wir einen großen Abstand dazu haben und aus dieser Distanz klarer sehen.

Die vier Fragen können dasselbe bewirken. Sie schafft inneren Raum. Haben wir ein Problem, meldet sich meist auch eine strenge Stimme in uns, die erklärt, dass wir selbst schuld sind. Und dass wir das locker hätten vermeiden können, wenn wir nur anders gehandelt hätten. Und was wir jetzt unbedingt tun müssen, damit es nicht noch schlimmer wird. Dieser innere Druck, der sich dadurch aufbaut, ist zusätzlich unangenehm. Aber vor allem, er motiviert uns selten zum Handeln. Statt dessen suchen wir eine Ausrede, warum das schon alles richtig sei, wir aber im Moment nun gerade nicht so handeln können.

Die Fragen erzeugen keinen Druck. Sie fragen nach. Sie deuten eine mögliche Richtung an aber lassen uns völlige Freiheit, ob und wann wir in diese Richtung gehen wollen. Sie führt uns in den gegenwärtigen Moment.

Die Sedona Methode auf der zweiten Ebene zielt auf das Loslassen der **neun emotionalen Zustände**:

1. Apathie 2. Traurigkeit 3. Angst 4. Lust 5. Wut, Ärger, Zorn 6. Stolz 7. Mut 8. Akzeptanz 9. Frieden.

Die Sedona Methode auf der dritten Ebene geht an die Wurzel der Probleme. Hier werden die Einflüsse der **vier tieferen Wünsche** hinterfragt um sie dann loszulassen:

1. Der Wunsch nach Anerkennung 2. Der Wunsch nach Kontrolle 3. Der Wunsch nach Sicherheit 4. Der Wunsch nach Getrenntsein.

z.B. ... liegt diesem Gefühl der Wunsch nach Anerkennung zugrunde? (Wenn ja) ... könnten Sie den Wunsch nach Anerkennung annehmen und akzeptieren für den Moment? ... Könnten Sie jetzt den Wunsch nach Anerkennung loslassen nur für den Augenblick? ... Würden Sie den Wunsch nach Anerkennung loslassen wenn Sie wirklich könnten? ... Wann würden Sie den Wunsch nach Anerkennung loslassen? ...
Für jede Ebene wird die selbe Fragetechnik zum Loslassen eingesetzt.

Umfangreiche Versuche und die Erfahrung des Entwicklers empfehlen zwischen drei und neun Wiederholungen. Teste nach jeder Wiederholung Deinen Umgang mit dem Gefühl. Wiederhole den Prozesszyklus so lange, bis Du merkst, dass sich etwas verändert hat.

Loslassen ist einfach, wenn du glaubst, dass es einfach ist. Gefühle zu akzeptieren ist ein Teil des Loslassens. Ablehnung und Negierung hält die Gefühle fest. Loslassen folgt einem eigenen Rhythmus. Manchmal geht es sehr schnell, manchmal braucht es mehrere Sitzungen mit mehreren

Durchläufen an aufeinanderfolgenden Tagen. Habe deshalb Geduld. Gib dir ausreichend Zeit, die Methode einzuüben. Jede Art von körperlicher Reaktion ist gut für dich. Beobachte dich und deine Reaktionen. So lernst du dich sehr viel besser selbst kennen. Manches Mal hängen an den Gefühlen, die du loslässt, auch körperliche Reaktionen.

Der Schlüssel zur Transformation

Der Schlüssel zur Transformation heißt: „Akzeptieren." Wenn wir etwas in uns verändern wollen, was man nicht akzeptieren will und gegen es ankämpft, es versucht zu unterdrücken, es unbedingt weg haben will, wird dieses jenige immer mehr und mehr mit Energie gespeist bis es irgendwann so machtvoll geworden ist, dass es uns mit geballter Kraft den Weg versperrt. Alles, was wir in uns nicht haben wollen und nicht begreifen können, wird als Angriff und Schikane des Lebens empfunden.

Hier kommt das Gesetz der Resonanz zu tragen, denn alles was wir jemals ausgesandt haben, kehrt durch konkrete Lebenssituationen wieder zu uns zurück. Oft sind wir durch Schmerz und Leid überfordert und fühlen uns vom Leben bestraft und ungerecht behandelt. Wenn wir aber akzeptieren, dass wir jede Lebenssituation selbst verursachen, dann können wir auch jede unangenehme Lebenssituation in einen annehmbaren und sogar bereichernden Zustand verwandeln.

Jeder Gedanke und jedes Gefühl bestimmen die Energie und prägen die Art und Weise unseres Energiefeldes. Weil der Mensch ein Resonanzkörper ist, wird er das anziehen, was er ablehnt.

Akzeptieren ist der Schlüssel, der eine erneute Begegnung zur Transformation und Befreiung ermöglicht. Nur weil man etwas nicht akzeptieren kann, löst es sich nicht auf. Das Problem und der Konflikt werden vielmehr größer und größer, bis man es akzeptieren muss.

Hadern wir also nicht mit dem Schicksal, denn das führt nur dazu, dass wir uns noch mehr verlieren und die Situation deutlich schlechter wird. Denn in der Annahme, dem Akzeptieren, liegt gleichzeitig der Schlüssel zur Transformation und die Möglichkeit der Befreiung.

Loslassen ist der Schlüssel zum Glück

Um geschehen zu lassen braucht man den Mut des Meisters: Wachsen lassen, um wirklich groß zu werden. Begreifen lassen, um selbst verstehen zu können. Selbsterfahrung machen lassen, um in der Selbsterkenntnis zu reifen. Lassen ist der Schalter, der uns hilft, den Dingen im Selbstvertrauen ihren Lauf zu lassen und nicht vorschnell einzugreifen. Sind sie bereit, ihrer Freiheit zu begegnen? Haben sie den Mut, alles loszulassen, weil sie begriffen haben, dass ihr eigenes Festhalten sie bindet? Loslassen stärkt den inneren Mut zur wahren Selbstbegegnung und Selbsterfahrung. Loslassen ist das Machtwort, das bewirkt, dass wir nicht weiter an Dinge gefesselt sind. Wenn wir losgelassen haben, können wir alles genießen. Loslassen ist nur für das Ego eine Herausforderung, denn das wahre Ich geht sowieso nie eine Bindung ein. Betätigen sie den Schalter Loslassen, um das zu bekommen, was immer Freude macht.

Alles ist mit allem verbunden

Alles ist mit allem verbunden. Alles hat Muster, alles hat Strukturen und steht mit allem in Verbindung. In einem feinstofflichen Gewebe und morphogenetischem Feld ist alles mit allem verbunden, verknüpft, verwoben. Alles kommuniziert über Lichtimpulse mit allem.

Dieses energetische Netz aus Fäden, das im Universum alles mit allem verbindet, wird in der Lehre der hawaiianischen Huna-Lehre als Aka-Feld bezeichnet. Überall hinterlassen wir einen feinstofflichen Energiefaden. Diese Aka-Schnur ist eine feinstoffliche, unsichtbare energetische Verbindung oder Verknüpfung zwischen Geistigem und Physischem, zwischen Mensch und Mensch, zwischen dem Menschen und seiner Umwelt und zwischen dem Menschen und dem unsichtbaren Reich, alle Wesensebenen überbrückend und verbindend. Wenn sich Menschen zusammentun und ihre Energien zusammenfinden, legen sich anfänglich so feinstoffliche Aka-Fäden zusammen und bilden mit der Zeit eine dickere Leitung. Gut gepflegte Verbindungen werden so zu dickeren Schnüren, Standleitungen oder Kabeln. Dieses individuelle Verbindungsnetz ist immer und überall da und überträgt ständig Daten und Informationen, die wir auf anderen Ebenen empfangen.

Alles sendet Lichtimpulse aus. All unsere Handlungen werden tausendfach in unsere Umgebung reflektiert. Das Netz webt sich bei jeder Art von Kontakt mit den Sinnen, durch Glauben, durch jeglichen Gedankenimpuls, Gefühle und Handlungen. Durch heftige emotionale Erlebnisse oder Krisen speichern wir diese Energie als Knoten oder Verdickungen im Energienetz. Diese bleiben solange erhalten und fordern unsere Aufmerksamkeit, drängen nach Lösung und Entwirrung, bis wir sie wieder in den Fluss der Liebe zurückgeben.

Mit jedem Gedanken, mit jedem Impuls und jeder Handlung weben wir also selbst am großen Lebensnetz unseres und des kollektiven Bewusstseins. Wir können, wenn wir aufmerksam sind, jede Bewegung in diesem Netz fühlen. Und so sind wir aufgefordert nicht nur verantwortlich für unser Tun und Handeln, sondern auch für unser gesamtes Denken und Fühlen zu werden.

Dann wird der König denen zu seiner Rechten sagen: Kommt her, die ihr von meinem Vater gesegnet seid, empfangt das Reich als Erbe, das seit der Erschaffung der Welt für euch bestimmt ist! Denn ich war hungrig und ihr habt mir zu essen gegeben, ich war durstig und ihr habt mir zu trinken gegeben, ich war fremd und ihr habt mich aufgenommen, ich war nackt und ihr habt mir Kleidung gegeben, ich war krank und ihr habt mich besucht, ich war im Gefängnis und ihr seid zu mir gekommen. Dann werden ihm die Gerechten antworten und sagen: Herr, wann haben wir dich hungrig gesehen und dir zu essen gegeben oder durstig und dir zu trinken gegeben? Und wann haben wir dich fremd gesehen und aufgenommen oder nackt und dir Kleidung gegeben? Und wann haben wir dich krank oder im Gefängnis gesehen und sind zu dir gekommen? Darauf wird der König ihnen antworten: Amen, ich sage euch: Was ihr für einen meiner geringsten Brüder getan habt, das habt ihr mir getan.

Matthäus 25:34-40

Der HERR richtet auf,
die niedergeschlagen sind.

Psalm 146:8

Sich wieder aufrichten.
Aufgerichtet sein, heißt heil sein.

Aufrichten heißt, heil zu werden, etwas ganz machen, die Einheit herzustellen, die innere Einheit von Körper, Geist und Seele, von Gedanken, Gefühlen und Handlungen, wie die Einheit mit der ganzen Lebenswelt und mit der allem zugrunde liegenden Kraft des Lebens. Seele ist nicht dasselbe wie Geist, sie ist das Bewusstsein ohne die Verwirklichung der Höheren Natur. Geist ist nicht als Verstand zu verstehen, sondern als die höhere Vernunft, die uns mit den Himmeln verbindet. Aufrichtung oder Heilung durch den göttlichen Geist ist kein Wunder im Sinne einer Durchbrechung der Naturgesetze, sondern ein gesetzmäßiger Vorgang, durch den Lebensmuster und andere Hindernisse der körperlichen und seelischen Harmonie ohne Eingriff von außen beseitigt werden. Dann wird zur Erfahrung, was Hermes Trismegistos verkündete: „Es ist gewiss, wirklich und wahr, was oben ist, ist wie das, was unten ist und was unten ist, ist wie das was oben ist, auszurichten die Wunder eines einigen Dinges, dessen Kraft vollkommen bleibt, auch wenn es in irdische Hüllen gekleidet ist. Dann steigt es von der Erde zum Himmel auf und wieder zur Erde herab und nimmt an die Kraft der Dinge, die oben sind und der Dinge die unten sind. Auf diese Weise wirst du das Wesen und die Fülle der Welt empfangen und alle Finsternis in dir wird dem Lichte weichen." Die geistige Aufrichtung erhebt das menschliche Bewusstsein hinauf zum kosmischen Bewusstsein, wo es das Licht Gottes, die göttliche Ordnung, aufnimmt und dann wieder über die Wirbelsäule hinunter in den Körper steigt.

Dein Reich ist ein ewiges Reich, und deine Herrschaft währet für und für. Der HERR erhält alle, die da fallen, und richtet auf alle, die niedergeschlagen sind.

Psalm 145:13-14

Ich bin das Licht der Welt.
Wer mir nachfolgt,
wird nicht wandeln in Finsternis,
sondern wird das Licht
des Lebens haben.

Johannes 8:12

Je mehr man das Wesen von Gott erkennt, desto deutlicher wird: In Gott ist nichts Böses. Keine Finsternis, auch nicht zeitweilig. Wir erfahren in der Bibel dazu dies: „lauter gute Gabe und lauter vollkommenes Geschenk kommt von oben herab, vom Vater der Himmelslichter, bei dem keine Veränderung und keine zeitweilige Verdunkelung stattfindet."

Jakobus Kapitel 1, Vers 17

Bereits im ältesten Buch der Bibel, dem Buch Hiob, erfahren wir, wie es in der spirituellen Welt wirklich abläuft: Die Unglücke, die Unwetter, der Tod seiner Kinder durch einen Orkan kamen nicht von Gott in das Leben von Hiob, sondern vom Teufel. Ebenso machte nicht Gott den Hiob krank, sondern der Teufel schickte die Krankheit in das Leben von Hiob.

„Da ging der Satan vom HERRN hinweg und schlug Hiob mit bösartigen Geschwüren von der Fußsohle bis zum Scheitel."

Hiob 2:7

„Gott ist Licht, und keinerlei Finsternis ist in ihm."

1. Johannes 1:5

„Der HERR wird auch alle Krankheiten von dir fernhalten..."

5. Mose Kapitel 7, Vers 15

„Gott hat nicht einmal seinen eigenen Sohn verschont, sondern hat ihn für uns alle gegeben. Und wenn Gott uns Christus gab, wird er uns mit ihm dann nicht auch alles andere schenken?"

Römer 8:32

„Er hat uns aus der Macht der Finsternis gerettet und in das Reich des geliebten Sohnes versetzt"

Kolosser 1:13

Fürchte dich nicht,
denn ich bin bei dir,
hab keine Angst,
denn ich bin dein Gott!
Ich mache dich stark,
ich helfe dir,
mit meiner siegreichen
Hand beschütze ich dich!

Buch Jesaja 41:10

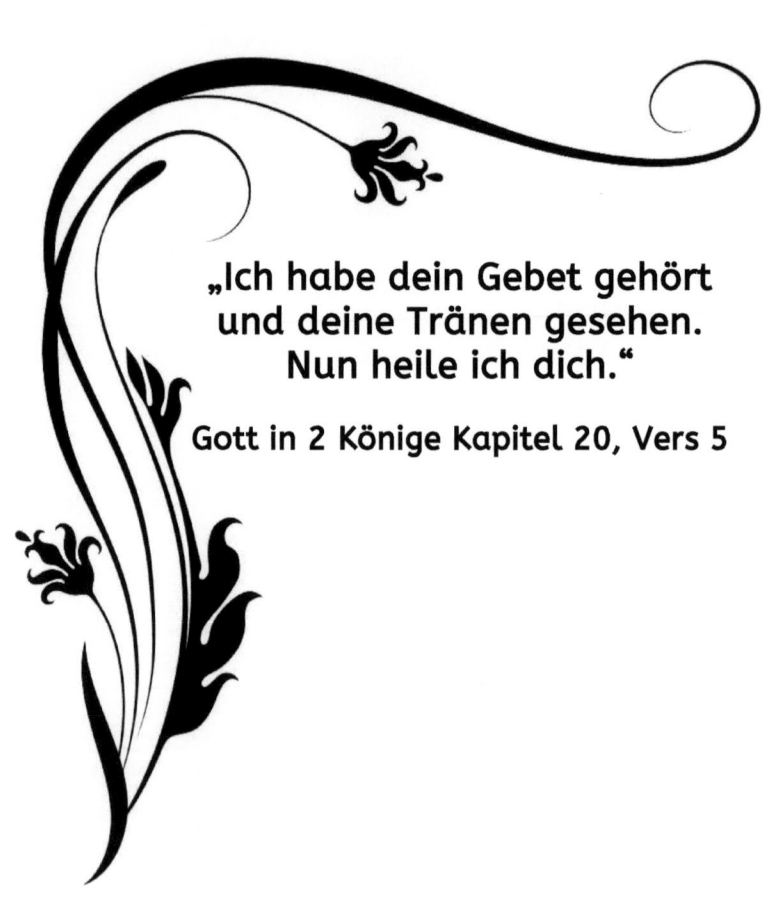

„Ich habe dein Gebet gehört
und deine Tränen gesehen.
Nun heile ich dich."

Gott in 2 Könige Kapitel 20, Vers 5

Literaturhinweise

Hypnosetherapie | Walter und Bärbel Bongartz
Das große Handbuch der Hypnose | Werner J. Meinhold
Hypnose | Hans-Christian Kossak
Magie der Hypnose | Dr. M. Weh
Hypnolinguistik | Gerhard Schütz und Horst Freigang
Therapie in Trance | John Grinder und Richard Bandler
Hypnotherapie | Milton H. Erickson
Imptomptu Hypnose | Ilja Grzeskowitz
Der Hypnosebaukasten | Ingo Michael Simon
Die Melodie der Ruhe | Daniel Wilk
Seminarskript | TherMedius-Institut
Schnellhypnose | Dirk Treusch
Du wirst tun, was ich will | Jan Becker
Ein Wort genügt | Franziska Krattinger
Die Sedona Methode | Hale Dwoskin
Heile deinen Körper | Louise L. Hay
Erneuere deine Zellen | Lumira
Wie deine Gebete erhört werden | Norvel Hayes
Was kann man tun, um Heilung zu empfangen | N. Hayes
Der Herr unser Arzt | Dr. Marilyn Neubauer
100 Tatsachen über Heilung | T.L. Osborn
Wer verursacht deine Probleme | Dr. John Avanzini
Wenn Jesus durch mich betet | Charles Capps
Heilung, Gottes Wille für dich | Andrew Wommack
Jesus der Heiler | E.W. Kenyon
Christus unser Heiler| F.F. Bosworth
Heilung durch Christus | Dr. T.L. Osborn
Die Kraft deiner Worte | E.W. Kenyon und Don Gossett
Die Bibel oder Die ganze Heilige Schrift des Alten
und Neuen Testaments | Nach der deutschen Übersetzung
Martin Luthers

Fotonachweis

Ornament Nr. 79339037 von 123rf
Titelbild Nr. 37232837 von 123rf
Titelbild Nr. 48354975 von 123rf
Schmetterling Nr. 91748850 von 123rf
Schriftrolle Nr. 54039828 von 123rf
Herz Nr. 48291009 von 123rf
Junge Frau Nr. 31397677 von 123rf
Hand Nr. 55437651 von 123rf
Betende Hände Nr. 21618139 von 123rf

Über den Autor

Matthias Felder, Jahrgang 1972, Absolvent der Fachschule für Naturheilweisen „Josef Angerer" in München, seit 2003 Heilpraktiker in eigener Praxis in Neuburg am Inn, Dozent an der Paracelsus Schule.

Seminare

In regelmäßigen Abständen führe ich Seminare über Themen durch, die Ihnen dabei helfen können, sich in leichteren Fällen selbst zu helfen oder durch eine Veränderung Ihrer Lebensumstände Beschwerden erst gar nicht entstehen zu lassen. Diese Veranstaltungen finden in der Regel im kleinen Kreis in meiner Praxis statt um zu gewährleisten, dass ich sehr individuell auf die Interessen meiner Teilnehmer eingehen kann.

www.naturheilweisen.biz